教室の
心理的
安全性

クラスを
HAPPYにする
教師の
リーダーシップと
マネジメント

株式会社ZこZ・授業てらす代表
ZこZアカデミー校長
星野達郎

明治図書

はじめに

休み時間になっても席から離れず、読書をしている子どもがいました。私は彼女を「大人しくて物静かな子」だと判断し、一人で読書に勤しむ様子を「すてきだなあ」と思いました。一人の世界を大事にしている子なのだと思い、そのように接したのです。だから、学級の雰囲気が和気あいあいとしてきた5月に面談で言われたひと言は、脳天を殴られたような衝撃でした。

「先生、あたし、学校合わないんですよね……」

思えば彼女とはこのとき、初めて目と目が合いました。そのきれいで少し寂しそうな瞳を見たときに、私は、「この子のことを全然分かっちゃいなかった」と思いました。この子は、本当は明るい。明るいのに、自分を出せないまま教室で苦しんでいたのだと分かったのです。新しい学級になって1か月以上、目と目を合わせなかった自分を恨みました。同時に、目を合わせてくれた彼女に感謝したことを覚えています。

時を同じくして、自分の家族にも似たようなことが起こりました。保育園に通う息子の担任から、「園では静かに過ごすことが多い」と言われたのです。耳を疑いました。まさか、あんなにひょうきんな息子が、大人しく過ごしているだと……⁉︎ 素敵な先生方のおかげで、今となっては楽しく（楽しすぎるくらいに）登園している息子ですが、当時は通い出して間もない頃でした。

彼女や息子以外にも、子ども一人ひとりをよく観察していくと、目に見える子どもの姿と、その子がありたい姿・なりたい姿には多くの場合「齟齬」があることに気が付きました。子どもを信じるからこそ、疑うことも大切。そう考え、子どものＨＡＰＰＹをどうしたら約束できるのかが私の研究テーマとなりました。

学校がＨＡＰＰＹじゃない国に未来はない

文科省によると、２０２２年度の不登校児童生徒数は過去最多の約30万人、10年連続で増え続けています。学校に行きたくない、学校がつまらないと思う子どもがこんなにもいるのです。教師という仕事が好きで、誇りを持って取り組んでいた身としては目を背けたくなる事実ですが、現実は数字以上にまずい状況です。

不登校は「年間30日以上の欠席」が文科省の定義です。学校によっては先生が毎日電話をかけ、親に送ってもらい、保健室登校や遅刻・早退で何とかつなぎ止めている状況を考えると、「学校がつまらない」「行きたくない」と考える子どもたちはさらに多いことになります。今は低学年、それも1年生から不登校傾向の子どもが増えているのです。

子どもが苦しいということは、目の前の教師も苦しいことを意味します。不登校の子がいれば電話をかけ、手紙を書き、迎えにいき、保護者と対話し、先輩に相談し、管理職に報告し、指導に改善できるところはないか見直します。（本当はそのようなことはないのですが、）不登校を出すことは「自分のせいかもしれない」と、教師として精神的にも苦しくなることがあります。

　不登校の子どもが一人ならまだ対応できても、複数の不登校事案に対応することはベテランでも至難の技です。他の児童もいます。毎日6時間の授業に加えて、教材研究、宿題、丸付け、給食、掃除、トラブル対応、保護者対応、数えきれない分掌、行事もあります。人と接する仕事ですから、落ち度があれば先生の責任、学校の責任。いつしか仕事をする目的が「迷惑がかからないように」「クレームが来ないように」、そんな錯覚に陥ることさえあります。

　先生の忙しさを敏感に感じ取った若者は教職を選ばなくなり、最近になってようやくメディアに取り上げられ、「教員不足」は世間に認知され始めました。


　社員を大切にしない企業が傾くように、家族を大切にしない者が不幸になるように、学校がＨＡＰＰＹじゃない国に未来はありません。私は、学校をＨＡＰＰＹにすることで国を照らしたい。そう思い、好きだった教師という仕事を辞め、教育事業を立ち上げました。

それが「授業てらす」です。

「授業てらす」を利用している数百名の先生方を見て感じることは、先生がＨＡＰＰＹ

になると教室がＨＡＰＰＹになるという事実です。当たり前のことですが、当たり前のことができていない現状を好転させるために、従来とは違った視点で教育を見直す必要があります。

「先生、あたし、学校合わないんですよね……」

そう話していた彼女は、夏が終わる頃には別人のように明るくなりました。友達と楽しそうに話し、遊び、年頃の口からはブラックジョークも飛び出します。

「先生、学校が楽しいです。土日も来たいくらいです」

11月の面談でそう言った彼女の目は、真っ直ぐに私の目を見つめていました。強く、優しい目でした。彼女は変わったのでしょうか。いいえ、彼女が変わったわけではありません。変わったのは彼女ではなく、教室の「しくみ」です。しくみが変わることで、本来の力を彼女自身が出せるようになったのです。その「しくみ」とは「心理的安全性」であり、心理的安全性を高めることで教室はＨＡＰＰＹになる――それが本書で私が最も伝えたいことです。

心理的安全性が教室をＨＡＰＰＹにする

この本は学級経営がうまくいかないあなたに向けて書いています。仕事に行きたくない、教室に入るときに動悸がする、自信の無さから職員室にも居場所がない。私もそんな一人でした。

人一倍がんばって、夜遅くまで学校に残り、教材研究をして、子どもの成果物をチェックする。漏れのないように、ミスのないように。だって子どもを笑顔にしたいし、周りから認められたいし、自分の人生を楽しく生きたいし。だから、がんばりすぎてしまう、そんなあなたに。

努力がうまくいけばいいですが、必ずしもそうではなく、心身に不調をきたす先生も増えています。心の病でお休みしてしまう先生の数は増え続けており、私の周りでも病休でお休みした先生は後を絶ちません。48か国地域が参加した「ＯＥＣＤ国際教員指導環境調査」（２０１８）によると、日本の先生の勤務時間は世界ワーストです。

教師のマンパワーに頼るのは限界がきています。授業という専門性を磨くことは大切ですが、一朝一夕にできることではありません。人間性を磨くこともそうです。「教師は授業」「教師は人間力」と言われるように、専門性と人間性は大切ですが、変化が激しく、あらゆることが多様化・複雑化したこの時代に、『専門性と人間性とだけで乗り越えろ！』というのは酷です。

本来は長い年月をかけ、多様な経験を積み、周りのサポートを得ながら教師として成長していくものでしたが、そんな余裕は現場にありません。だからこそ、教師の負担を減らし、生産性を高めるためにいろいろな働き方が実践・提案されています。

私は初任1日目から定時で上がり、6年間ほぼ毎日定時退勤しました。さまざまなICTを活用し、業務を効率化し、早く帰ることが目的になった時期もありました。しかし、気付いたのです。「いくら早く上がっても、教室がＨＡＰＰＹじゃなければ人生は楽しくない！」ということに。

本書で紹介する「心理的安全性」には、子どもと先生がＨＡＰＰＹに、教室がＨＡＰＰＹになる本質が詰まっています。そして、専門性や人間性と違い、明日からでも実践することが可能です。

ここで、私の自己紹介をさせてください。

星野達郎（ほしの・たつろう）といいます。東京生まれの横浜育ち。学生時代に添乗員をしながら47都道府県を回り、その後グアテマラに2年、青森に7年住みました。

「達郎」という名前は父親がつけてくれました。一度決めたことは必ず「達」成してほしい。自らの中に「LOW（ロウ：法の意味）」を持ち、自律した人間になってほしい。合わせて「達郎（達成＋LOW）」。学生時代に名前の意味を聞いてから、名に恥じぬように生きているつもりです。

教師としては主に高学年を担任しました。初任1日目から定時で帰り、年次休暇をフルで取得することで有名でした。子どもたちと一緒に学校に来て、子どもと一緒に帰るような教師生活（共働きの妻には、我が子が生まれてからは特に、この働き方は好評でした）。

定時で帰って何をしていたのかというと、経営学や組織マネジメント、経済動向について研究していました。名著とよばれるような古典を読み漁り、年間8万円する『日経ビジネス』は購読8年目です。研究するだけでなく、ピーター・ドラッカーの『マネジメント』（ダイヤモンド社）や稲盛和夫の『アメーバ経営』（日経ＢＰマーケティング）など、不易に価値ある経営学を学級に取り入れました。伝統的な経営だけではなく、ＮＥＴＦＬＩＸや星野リゾートのような最先端の組織マネジメントを学び、学級で実践してきた教師です。

このように時間外に学級のことをしていたわけですが、定時で帰ると「楽」をしていると言われたこともあります。

「初任なのに早く帰ったらだめです。主任も残っているし、他の先輩もまだ仕事をしているでしょう。帰る前に、『お手伝いすることはありませんか？』と聞くのです」

このように、職場の先輩方からお叱りを受けたことも一度や二度ではありません。でも、当時の私は、教育現場はこのままではＨＡＰＰＹじゃなくなるだろうという危機感がありました。先生の顔、子どもの顔を見て、そう思っていました。

従来の働き方をしていたら、これまでの教育を維持する人材になってしまう。「よし、地域や社会と関わりながら学校内外をシームレスにつなぎ、学校をＨＡＰＰＹにするための知見と視座を磨こう！」……とまでは当時、言語化できていなかったと思いますが、周囲の声は気に留めず、自分の信じた道を行こうと決めました。

このときは、子どもの表情がＨＡＰＰＹではない原因を現場のせいにしていた節があります。先生たちがＨＡＰＰＹではない原因を、その人自体に求めていた節があります。もっと人間性を磨こう。もっと楽しい授業をしよう。でもそれは、間違っていました。原因は人ではなく、しくみにあったのです。

人を責めず、しくみをつくる

「しくみによって人はＨＡＰＰＹになる」という事実に出会ったのは、校外の活動がきっかけでした。

私は、教師をしながら「新むつ旅館」という老舗旅館でボランティアをしていました。80歳の女将がコロナ禍で困っていることを知り、添乗員をしていた知見を活かし、力になりたいと思ったのです。

それが、全然うまくいきません。難しかったことは、正論が通用しないことです。「学習しなさい」とだけ言っても子どもが動かないのと同じように、「旅館に来てください」と言っても誰も来ないのです。

そこで、女将と旅館の魅力が伝わるようにオリジナルポストカードをつくることにしました。教師をしていた当時から、私はオンラインでのコミュニティを運営していましたので、仲間たちにデザインを相談し、3種類のカードをつくりあげました。そして、市の運営施設に置いてもらいました。それが数百枚売れるヒット作となり、地元のお客さんが興味を持ってくれたことで、コロナ禍でも売上を維持することができました。このことが新聞でも取り上げられ、教員だった私に、「地元の貢献のために、ありがとう」「これまでの教員とは違う仕事ぶりだね」などと、多くの反響がありました。

魅力がひと目で分かる「オリジナルポストカード」という「しくみ」をつくったことで、お客さんも女将も地元で暮らす人々も、みんながHAPPYになったという事実は、私の原点になっています（なお、あくまでもボランティアで、当時公務員だった私は一切の収益を得ていません）。

また、「星のあそび塾」という子どもの遊び場もつくりました。子どもたちの遊び相手が親ばかりになってしまうという課題を解決するために、子どもが異年齢で遊び、社会性を育める場所をつくったのです。コロナ禍にもかかわらず40組80名の親子が集まり、子どもも保護者も幸せそうな顔をしていたことは忘れられません。

「異年齢の友達と遊び、たくましく育ってほしい」という保護者のニーズを、「星のあそび塾」という「しくみ」で解決できたことは、大きな転機となりました。しくみをつくり、しくみを変えることでみんながＨＡＰＰＹになるのだと、このとき、強く確信を持ったのです。

旅館ボランティアや「星のあそび塾」は、教員をしながら行いました。平日の早朝・夜、休日を使って、最終的には「教育」という一つの線でつながると思って始めたことです。

校外では「教員」という肩書きはあまりに無力で、むしろ「どうして先生が学校の外で働くのか？」と、訝しげに見られたこともあります。教員をしながら他の事業も行うという二足の草鞋は当時としては珍しく、教員仲間からも白い目で見られていたと思います。

「ちゃんと仕事をしていないのではないか」
「本業に集中しなさい」
そう言われたこともありました。

それでも続けられたのは「子どもの姿」でした。「しくみ」と向き合うことで、子ども本来の力が発揮されるようになったのです。学級がうまくいかないとき、トラブルが起きたとき、私たちは誰かのせいにしたくなることがあります。しかし、人を責めず、しくみと向き合うことで、教室は必ずＨＡＰＰＹになるのです。

その中でも、「心理的安全性」は大きな発見でした。教室の心理的安全性を高めることで、子どもたちは別人のような姿になりました。自ら学び、動き出すだけではなく、問題が起きても自分たちで解決し、互いを尊重し合いながら高め合うようになったのです。それを友人、知人に紹介したところ、彼らの学級経営も改善されたと聞きました。子どもが動き出し、学級がＨＡＰＰＹになったという声をもらったのです。しかも、退勤も各段に早くなったという、おまけまで付いて。

異年齢×外遊びがコンセプトの「星のあそび塾」

80歳の女将と二人三脚で老舗旅館をプロデュース

今、私は「授業てらす」という教師のオンラインサロンを運営しています。数百名の大きなコミュニティですが、ここでも教師時代と同じように「しくみ」による経営を実践し、メンバーが主体的に動くコミュニティをつくることができています。心理的安全性を高めることで、子どもだけではなく、大人たちも主体的に動き出すことを実感しているところです。

「心理的安全性」という新しいメソッドを学んだところで、きまりでがんじがらめになっているうちの学校ではできない。そもそも、しくみではなく、教育は心でするものだ——もしかすると、経験が長い先生ほど、本書の提案は受け入れ難いものかもしれません。

しかし、何度も言うように、従来の方法を継続してきたことによって教育は最悪の状況を迎えました。

子どもの不登校は30万人、休職・離職する先生は後を絶たず、なり手不足は深刻化。学校がHAPPYじゃない国に未来はないと私は思います。教室は社会の縮図です。自分を出せない教室で育った子どもたちが大人になり、自分を豊かに表現できるでしょうか。国や社会、人のために力を使いたいと思うでしょうか。

しくみを変えることで教室はＨＡＰＰＹになります。心理的安全性は、どの教室でも実践できる汎用性の高い教育メソッドです。

本書では、心理的安全性の概念から具体的な実践までを凝縮してお届けします。日本中の子どもたちが教室でＨＡＰＰＹに過ごすために、学級経営に悩む先生方や、よりより教育を志す方の「心理的安全性の高い学級づくり・チームづくり」に役立てていただけたら幸いです。

２０２４年１月

星野　達郎

目次

第1章 教室の心理的安全性

子どもの本質に迫る

第2章

教師がつくる心理的安全性
リーダーシップの教科書

第3章

しくみでつくる心理的安全性
マネジメントの教科書

第4章 学校を照らす心理的安全性

第1章

教室の心理的安全性

5年生になったばかりのAは、何かに怯えたように大人しく、自分から手を挙げることも、自分から何かを進んでやるという姿もほとんどありませんでした。「あの子は静かで大人しい」と先生たちは職員室で話し、友達からも同じように言われているような子でした。

そのAが、3週間で変わりました。授業中は積極的に手を挙げ、グループ活動では友達との対話を楽しむようになったのです。ユーモアあふれる言動で周囲を笑わせたり、係活動では忘れがちな友達に声をかけたりして、3週間前とは別人のような姿になりました。運動会では応援団に立候補し、当選。3か月後には「漢字検定3級」を目標に掲げ、冬にはその目標を見事に達成しました。

自分の意見をあまり言わなかったはずのAが、自分の意見を言うようになったのはなぜでしょうか。

積極的にクラスに関わろうとしなかったAが、みんなを笑顔にし始めたのはなぜでしょうか。

その答えは**「心理的安全性」**にあります。

Aが変わったのではなく、教室の心理的安全性が高まったことで、A本来の力が出せるようになったのです。

心理的安全な教室で、子どもは本来の力を発揮するようになります。

Aに限ったことではありません。

授業中に寝ているあの子も、宿題をやってこないあの子も、みんなと関わろうとしないあの子だってそうです。

そう言い切れる理由は、子どもには既に力があるからです。

教室の心理的安全性とは？

心理的安全性とは、「チームの中で対人関係におけるリスクをとっても大丈夫だ、というチームメンバーに共有される信念のこと」と定義されています。組織行動学を研究するエドモンドソン教授が１９９０年に提唱しました。

心理的安全性を有名にしたのはGoogleの研究です。プロジェクト・アリストテレスと呼ばれる5年間の調査研究の結果、高いパフォーマンスを出すチームにとって重要なのは、個人の能力やチームの協調性以上に、「心理的安全性が高いこと」だと明らかにしたのです。

研究対象はあらゆる組織、企業、チームに及び、学校や医療現場においても「心理的安全性」がパフォーマンスを高める鍵だと分かりました。とても意外なことに、心理的安全性が高く優秀なチームほど、「ミスが多い」ことも分かりました。優秀なのに、ミスが多いのです。

この話を聞いて思い出したことがあります。仕事柄、全国の教室を見てきた私の経験では、子どもが明るい学級ほどミスが多いのです。誰かが物を落としたり、怪我をしたり、トラブルが起きたりするとすぐに誰かが駆け寄り、他の誰かが報告をします。ミスがすぐに明るみに出るので、被害を最小限に食い止めることができるのです。

優秀なチームほどミスが多いのは、ミスした回数が多いのではなく、全てのミスが公開共有され、二次被害の減少や再発防止、メンバーの資質向上に役立てられているということです。心理的安全性の高いチームはミスを隠す必要がありません。だから、ミスを公にして次への糧とすることができるのです。

本書でいう教室の心理的安全性は、「相手のために本音を言えること」と定義します。Googleの研究で明らかになったように、心理的安全性が高い教室では子どもの学習する力が高くなります。教室で自分を出すことができて、気兼ねなく何でも言えるからです。

この本には「心理的安全性」という言葉が100回以上出てきますが、それだけ私は今の教育現場を明るく照らす鍵だと考えているのです。

自分を出せない子どもたち

教育現場に立ち、「自分を出せない子ども」があまりに多いことに危機感を持ちました。自分を出せないとは、ありたい自分・なりたい自分からかけ離れているという意味です。どうしたら子どもが自分を出せるようになるのか、研究と実践を積み重ねた先に「心理的安全性」と出会いました。

自分を出せない時間が続くと、人生は暗くつまらないものになります。職員会議で意見を言いたいのに結局言えなかったとき、声どころか息も発しづらい職場、私たち大人も、自分を出せない日が続くと心が病んでいくように、子どもが学校に行きたくないと感じる要因の一つは「自分を出せない」ことにあるのです。

学校に行かなくてもいいじゃないか。自分を出せなくても我慢させて乗り越えればいいいじゃないか。時々、そのような主張を耳にすることもありますが、子どもにとって人生や生活の多くを「学校」が占めます。彼らにとって日本社会や大人とは、つまり学校なのです。苦しくて、つまらなくて、ＨＡＰＰＹじゃない経験をした彼らが大人になったとき、どのような考えで、どのような行動をするのか、考えてみてください。

心理的安全性の低い（自分を出せない）教室で過ごす子どもたちは裏に隠れ、地下に潜る傾向が強くなります。日の当たる場所で自分を出せないと分かると、大人を信頼することをやめ、ストレスを裏で発散するようになるのです。

具体的には、次のような姿を現場で見てきました。

- 先生の前や授業中は大人しく、しかし、子どもだけの世界になると急に過激になり、抑えがきかない。
- よいことと悪いことの分別がつかず、対話や議論の経験に乏しいためトラブルの解決ができない。
- 閉鎖的な教室で、他者との相対比較で自分の承認欲求を満たすようになる。

●他者への関心、地域社会や国への敬意がなくなる。
●好奇心や探究心が減少し、無気力状態に近づいていく。

子どもは自分を出せない日が続くことで、無気力になったり、不安になったり、問題行動を起こしたりします。今、全国の教室で増えている不登校も、自分を出せないことが1つの要因であると私は考えています。

なぜ自分を出せないのかというと、教室に「対人関係のリスク」があるからです。対人関係のリスクが子どもに発言をやめさせ、自己開示をさせず、行動を制限します。この対人関係のリスクを取り除くことが、教室の心理的安全性を高め、子どもが自分を出せるようになるための鍵になります。

対人関係のリスク

職員会議で「そうではなくて、こうしたほうがいいのに……」と思うのに言えないことはありませんか。それが、「対人関係のリスク」の正体です。

私たちは無意識のうちに、「これを言ったら誰かを傷つけないだろうか」「管理職に失礼ではないだろうか」「あの先生に陰口を言われないだろうか」「前年度までの主任に嫌われないだろうか」と、人にどう思われるかを考えます。

悩みの9割が人間関係とも言われるように、職員室の中で嫌われてしまうと、あらゆることに影響がありますから、思っても言わないように学習していくわけです。

子どもも同じです。子どもにとっての学級は、先生にとっての職員室のようなものですから、周りからどう思われるかという対人リスクにさらされていると認知することがまずは大切です。

エドモンドソン教授は、対人関係のリスクを大きく4つのカテゴリ――「無知」「無能」「邪魔」「否定的」――に整理しています。これを教室に当てはめると、次のような子どもの姿をみることができます。

1．無知だと思われるリスク

質問すると、「え、そんなことも知らないの？」と言われてしまうような学級では、子どもは思ったことを言えなくなります。質問しないこと、発言しないことが自分を守ると知り、本来好奇心の塊であるはずの子どもが、口を開かないようになってしまうのです。

2．無能だと思われるリスク

ミスをすると叱責ばかりされ、「なんで、できないんだよ」とグチグチ言われるような学級では、子どもはチャレンジを恐れるようになります。ミスをしても隠し、正直に謝ることを拒絶するようになってしまうのです。

3．邪魔だと思われるリスク

心理的安全性が低い学級では、クラス内でも交際関係が極端に狭くなり、特定のグループへの帰属・忠誠心が強くなります。邪魔者、のけ者にされないために、周りの友達を目で追うようになり、意思決定を空気に任せるようになってしまうのです。

４．否定的だと思われるリスク

友達から嫌われないために、意見が違ってもその場のノリや雰囲気に合わせて反論や問題提起をしないので、建設的な議論ができません。このような学級では、表面的におだやかで大人しくても、実は裏では互いに悪口を言い合うような危険性があります。

対人関係のリスクをゼロにすることはできません。どのチーム、組織にも必ず対人関係のリスクは存在します。しかし、子どもたちが本来の力を発揮するために、対人関係のリスクを少なくすることは効果的であり、子どもがＨＡＰＰＹに学校生活を送るために欠かせないことでもあります。

実は、子どもは多くのことに気付き、意見を持っています。しかし、対人リスクがある状況では思っていても言うことをためらいますし、心で思

対人関係の４つのリスク
無知だと思われるリスク
無能だと思われるリスク
邪魔だと思われるリスク
否定的だと思われるリスク

うように行動できません。

あなたの学級で、もし、子どもが「思ったことを言えず」「思うように行動できない」のだとしたら、対人関係のリスクに目を向け、どうしたら「対人関係のリスクを減らせるだろうか」という意識を持つ必要があります（こうした視点は、私が教員をしていた２０２１年当時にはありませんでした）。

心理的安全性が子ども本来の力を引き出す

次に、心理的安全性が高まることによって、子どもや学級がどのような姿になっていくのかを見ていくことにします。

まず、授業では意見交流が活発になります。子どもがもともと持っている意見や考えを「気兼ねなく言えるようになる」ので、つぶやきが溢れ、発言が多くなります。特に、それまで意見を言うことがなかった（あるいは、苦手だと思われていた）子どもたちが、生き生きと考えを表現するようになります。

よく、附属小学校ではそのような光景が見られますが、「附属の子だから」「公立ではできっこない」というような声や「子どもの質が違う」といった発言まで、先生の間では聞くことがあります。

心理的安全性を高めることができれば、子どもは発言するようになります。学びたい、考えたい、やりたい、そういう姿勢を本来子どもたちは持っていますから、どの教室でも可能なのです。

私は、筑波大学附属小学校の加藤宣行先生による、一般の公立小学校の飛び込み授業に立ち会ったことがあります。圧巻でした。大人しいといわれていたはずの子どもが、次々と発言するのです。たった45分間で、ここまで子どもが心を許すのは、授業力の他に「心理的安全性を高める術」を持っているからに他なりません。

心理的安全性がない学級の子どもたちは「不安」でいっぱいです。何か言うと否定されるのではないか、笑いものになるのではないか、後で陰口を言われるのではないか、意見を言うことより「自分の身を守る」ことが優先され、学習どころではないのです。

神経科学の研究によれば、不安のせいで生理的資源が消費され、分析的思考や創造的考察、問題解決ができなくなるといいます。人間関係に悩みがなくなると仕事のパフォーマンスが上がるように、心理的安全性を高めることは学力向上にもつながります。

とはいえ、心理的安全性があれば何でも可能になるわけではありません。深い学びへと到達するために「専門性」は必要です。子どもが気兼ねなく意見が言えるような教室の心理的安全性に加えて、意見を拾い、つなぎ、深めるといった教師の指導技術、教科への造詣を磨くことで、学ぶことの本当の楽しさに子どもが（先生自身も）気付いていって、学びが自分のものになっていくのです。

また、子どもが発言すればそれでいいかというと、そういうわけでもありません。学習には「いい沈黙・探索」もあります。学びが深まる問いに、子どもがじっと考え込む。脳と手、身体を動かし考え抜く。新しい価値に辿り着くための探索は大切にしたいものです。

こうしたことを、「授業てらす」の講師として活躍される4人の先生方の授業から、私は多くを学ばせていただきました。

加藤宣行先生
（筑波大学附属小学校）

由井薗健先生
（筑波大学附属小学校）

尾﨑正彦先生
（関西大学初等部）

中野裕己先生
（新潟大学附属新潟小学校）

「授業てらす」のプロ講師

教師を超える学び

心理的安全性を軸に学級経営をすると、こちらが予想もしていない学びが飛び出します。これを「教師を超える学び」と私は呼んでいて、教師として幸せを感じる瞬間でした。

例えば、「合同な図形を勉強する」というテーマで家庭学習を行った子ども（次ページ写真）は、２通りの書き方を説明しながら、最後に「手順が１つ少ないから②が楽」と考察しています。

私の予想を超えているポイントは、まず、書き方を丸数字で示す説明方法です。非常に分かりやすいですし、左右に並べるこのやり方は教師の私にとっても勉強になります。さらに驚くべきは、工数で比較しているところです。かかる工数を洗い出し、量によって比較優位を結論付けるのは優秀なビジネスマンでも見ているかのようです。

家庭学習においても、授業においても、子どもは「教師を超える学び」をするようにな

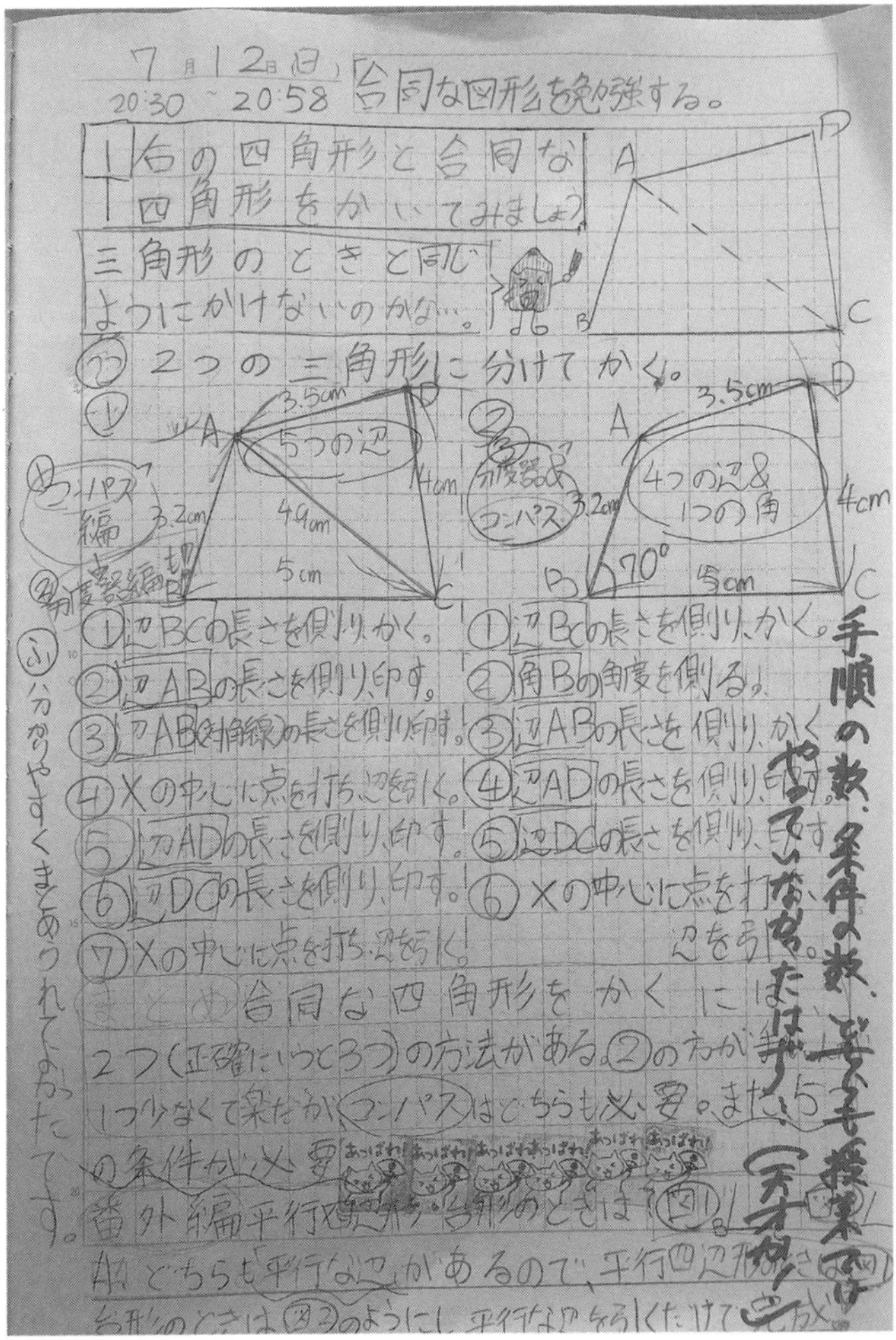
7月12日(日)
20:30 〜 20:58
合同な図形を勉強する。
右の四角形と合同な四角形をかいてみましょう
三角形のときと同じようにかけないのかな…。
2つの三角形に分けてかく。
① 辺BCの長さを測りかく。
合同な四角形をかくには

ります。前ページに示したように、子どものノートに学びがあふれるようになります。「ノートはこう書きなさい」という指導をしなくても、子どもが工夫して書くようになるのです。子どもが本来の力を出せるように環境を整えると、子どもは本当に楽しそうに学ぶようになります。

さらに、「教師を超える学び」のよいところは伝播にあります。一人が超えていくと、もう一人、また一人と超えていくのです。この瞬間がたまりません。

子どもは真似の天才です。そして、ピカソが、

「子どもは誰でも芸術家だ。問題は、大人になっても芸術家でいられるかどうかだ」

と言ったように、もともと天才的なアーティストでもあります。つまり、誰かがやったことを真似して、自分流にアレンジして表現する天才だということです。

「教師を超える学び」のもう1つのよさは、専門性が磨かれることです。子どもが深めた学びが、先生自身の学びとなるのです。授業と教材研究の一体化。「子どもから学ぶ」という言葉は、授業中に表現された子どもの見方・考え方から、

「そんな見方があったのか」

「そういうふうに考えることもできる、確かに！」

と先生自身の授業観が深まっていくことを指します。

次のページに示すように、休日の過ごし方をマンガ風にまとめてきた子どもがいました。この子は、漢字を丁寧に書いてくるような子どもでした。枠から外れず、言われたことをちゃんとやるような、旧時代の学校が求める「いい子」に近かったと思います。それが、周りが「教師を超える学び」をするようになったことで、その子自身も超えることができたのです。

この自学ノートは、学級で大きな反響を呼びました。「マンガ」という切り口で、さまざまな学びが生まれ、交換されました。「おもしろい」「天才的」「めちゃめちゃ笑える」、そのような友達の声が自信となったのか、彼女は天才的な発想をその後、幾度となく披露し続けました。

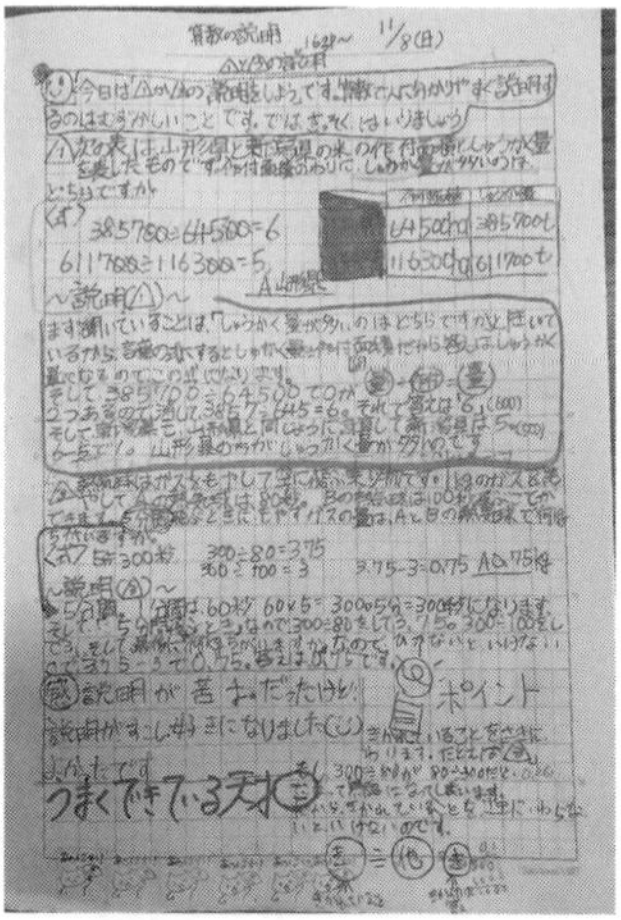
算数の説明

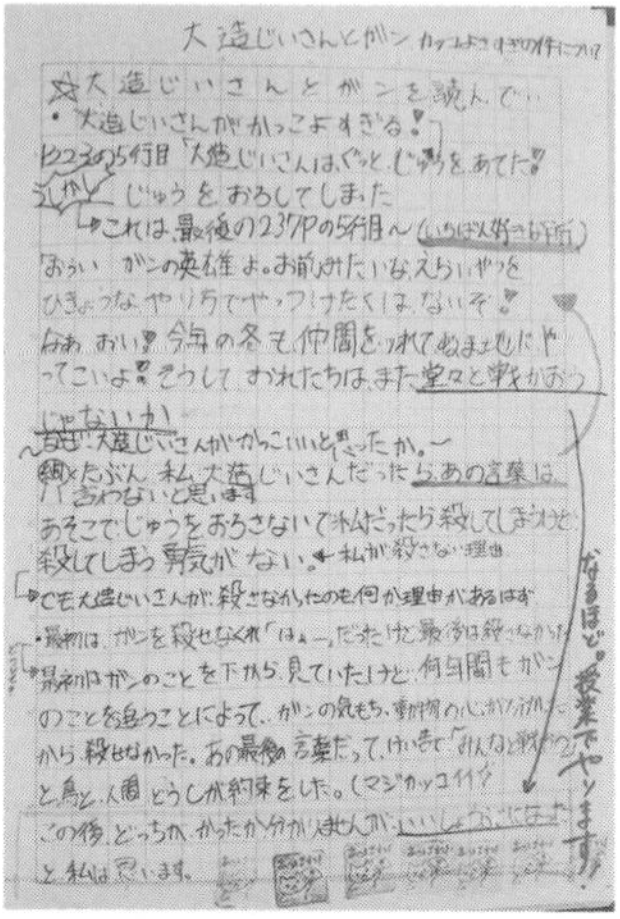
大造じいさんとガン

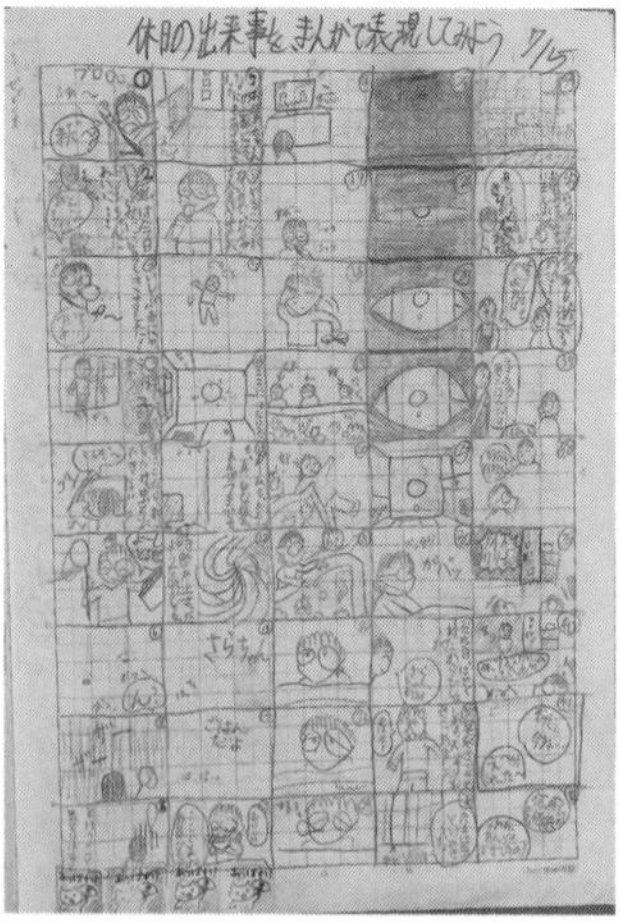
休日の出来事をまんがで表現してみよう

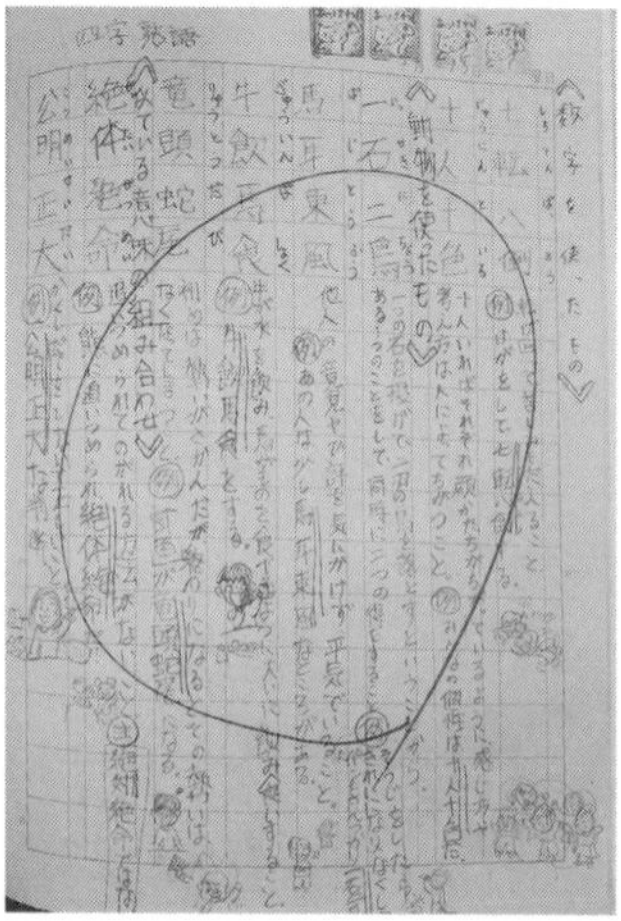
四字熟語

子どもが教育をつくる

教室の心理的安全性が高まると、「子どもが教育をつくる」ようになります。

5年生を受け持ったとき、熊本豪雨災害（2020年）が起こりました。熊本を中心に多数の死者を出し、テレビでも連日報道があった災害です。朝の会でその報道を紹介すると、子どもたちは、「何かできることはないか」「力になりたい」と動き始めました。

私はいつも、朝の会で数分のプレゼンテーションをしていて、そのときもプレゼンテーションをして終わりにするつもりでした。しかし、翌日の自主学習ノートには「熊本豪雨について調べた」「災害支援でできることをまとめた」「何かできないか家族と親戚に相談してきた」等、子どもの想いがあふれた言葉が並びました。

翌日、「先生、臨時の学級会やっていいですか？」と日直から言われ、そこから話し合いが始まりました。募金箱をつくり、チラシをつくり、ゆるキャラを制作し、かぶりものをつくり、全校や地域に呼びかけたその活動で、10万円のお金を集め、義援金として一番被害の大きかった人吉市に寄付しました。人吉市長から感謝状をいただいた子どもたちの充実した表情を忘れることはありません。

この活動をきっかけに、子どもたちはどんな学習、行事、人に対しても、驚くほど前向きになりました。なぜ学ぶのか（学ぶとどんなことができるのか）、なぜ協働するのか（協働するとどんな価値が生まれるのか）、学習指導要領に書かれていることが全て「現実に、自分ごと」になったからです。

大切なことは「子どもがつくった」ということです。熊本支援はほんの1例ですが、心理的安全性が高まることで子どもの「やりたい」「やってみよう」が聞こえるようになり、どんな形であれ教師に届くようになります。自分がアクションを起こせば必ず協力してくれる人がいると知り、友達や先生、保護者、学校、地域、誰に対しても「自分が思うようにやってみていいんだ」という恐れのない学級になっていくのです。

教室の心理的安全性が高まると、普段の授業においても興味深い変化がありました。発問や指示をすることが以前より大きく減ったのです。

例えば、算数の問題を書いたとします。そうすると、書いている途中（なんなら、書く

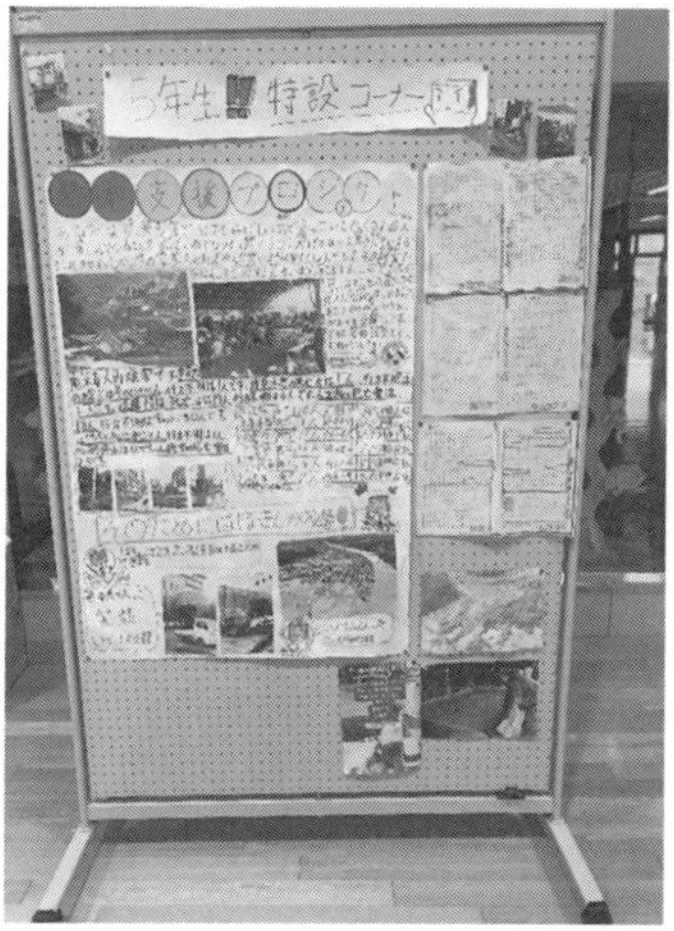
5年生 特設コーナー

ぼきんレンジャー
きーちゃん ぼっちゃん んっちゃん

10円
50円
5円
100円

前から）「あっ」「ははーん」「なるほどね」「はいはいはい」「そういうことね」「ほら、私が言った通りじゃん」「（無言で挙手）」というような子どもの反応があります。

教師がやることは、『「ははーん」ってどういうこと？』とか、『〇〇さんが「そういうことね」と言った気持ち、分かる人？』と聞くだけです。そうすると、子どもが問いをつくり、その問いに対してまたいろいろな反応があるので、それをつないでいくと授業ができるわけです。

従来は、いかに子どもを惹きつけ、おもしろい導入を準備するかに力を使っていましたが、心理的安全性が高まると、算数の問題1問、社会科の資料1枚、国語の音読1回に対して多様な反応があるので、教師の仕事は「え、どういうこと」「今の分かる？」と子どもに返すことが中心になります。

私は、これを「子どもが教育をつくる」と呼びます。

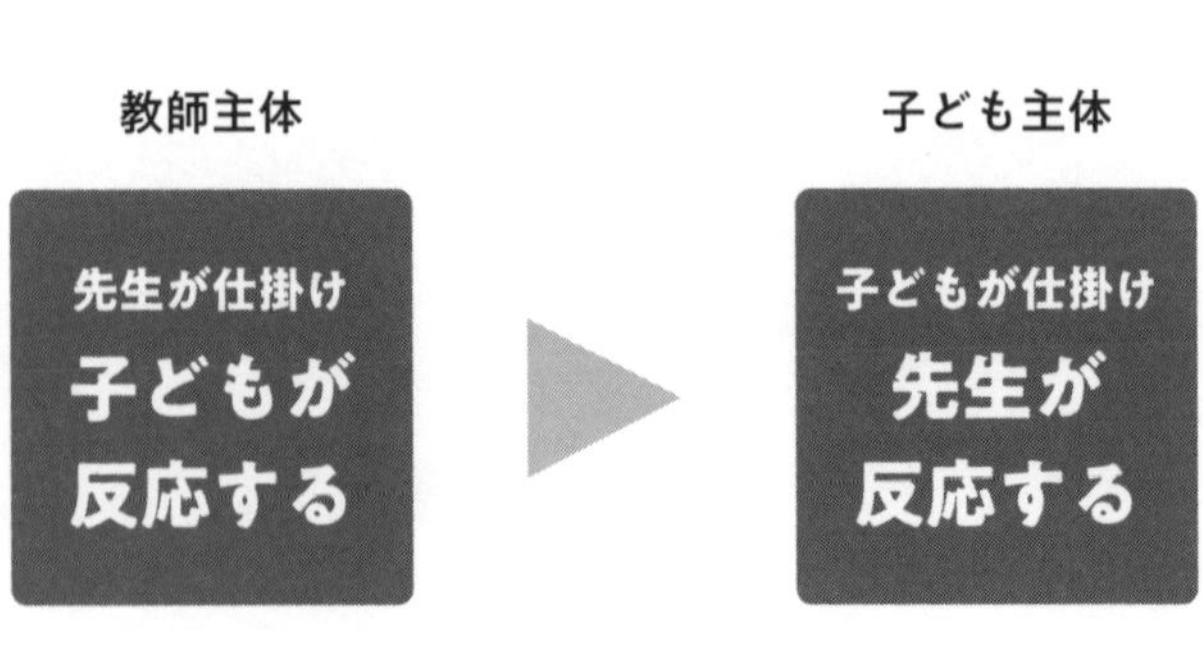

従来、教育は「受けるもの」でしたが、これからは「つくるもの」にしていく必要があります。この不確実で先の読めないVUCAと呼ばれる時代、価値を受け取る人材ではなく、つくる人材を育てなければいけないからです。今、会社の代表として多くの人材と関わる中で、確信は日に日に大きくなっています。

心理的安全性への懸念

「子どもが自由に発言したり、自由に行動したりすると規律が乱れ、学級が無法地帯になってしまうのではないか？」——こういう心配をされる先生もいると思いますが、むしろ逆です。何でも言えて、思ったように行動できることで、子どもは自律するようになるのです。

例えば、朝の会である子が騒いでいたとします。心理的安全性が低い学級では、周りの子どもは「注意したらいじめられそう」「静かにしてほしいけど怖い」と、意見を言うことができず、先生が来るまで待つという選択を取りがちです。

しかし、心理的安全性が高い学級になると「静かにしたほうがいい」「何か騒がないといけない理由があるの？」「自習、手伝おうか」と、声が次々に上がります。その子のことをよく知っているので、彼がどうしてふざけているのか、その理由を多面的にみようとします。

先生の言いつけを守り、不自然なほどに子どもの声がしない学級では、子どもたちは、往々にして裏の顔を持ちます。裏で誰かの悪口が書かれた手紙が回ったり、ＳＮＳを使って誰かを貶めようとしたり、放課後やインターネット上という大人の目が届かないところで「憂さ晴らし」をし始めるのです。

長期休みになった途端に問題が起こるような学級は、往々にして管理的な学級です。管理的だと心理的安全性が低いわけですから、問題が起こるのも納得できます。

日頃から言いたいことを言って、思ったように動いている子どもは「悪さをしよう」という発想にすらなりません。トラブルが起きても「相手のために本音を言える」学級は、自分たちで解決することができます。また、教師にもすぐに情報が伝わるので、対応の初動を早くすることができます。これは、多くの学級を見てきて、子どもが明るい学級に共通していることです。

『心理的安全性が高まると学力は向上するのか？』という疑問もいただくことがあります。今のところ、「心理的安全性が市販のペーパーテストに大きく影響することはあまりない」というのが私の実感です。

というのも、例えば、算数の筆算のテストであれば、ペーパーテストの得点を最大化する方法は「先生がやり方を教え、直前に問題を解きまくる」ことです。全国学力・学習状況調査の上位に入る都道府県で過去問を大量に解いていることが問題になったように、練習問題を大量に解かせることで瞬間的に得点をとることはできます。

しかし、こうした学び方は子どもの顔を暗くし、教室からＨＡＰＰＹを奪います。意味の感じられないことをするほど、人間の豊かさは失われるからです。

心理的安全性はペーパーテストの得点を必ずしも高めません。しかし、心理的安全性を高めることで、子どもは楽しそうに学ぶようになります。「対話」が生まれるからです。言いたいことを気兼ねなく言えて、相手からも気兼ねのない意見が返ってくる教室には、子ども主体の学びがあります。

「対話」とは「価値を生む問答」です。私たちは対話を通して「Ａ」が「´Ａ」になり、

AとBを組み合わせて「C」になる価値を知っています。「三人寄れば文殊の知恵」というように、自分以外の誰かと対話（問いと答え）を積み重ねることで、私たちは新しい価値を生み出すことができるのです。

例えば、あなたが社会科で、資料を黒板に貼ったとします。

心理的安全性が低い学級は、口をぎゅっとつぐみ、先生の次の発言を待ちます。「何か気付いたことはありますか？」と言われたら、数人の児童が手を挙げ、指名された子どもが発表します。その意見に対して、周りの子どもが何かを言う確率は低く、先生の指示・発問、子どもの正答が連続する時間が流れていきます。

一方、心理的安全性が高い学級では、先生が貼ろうとする傍（場合によっては貼る前）から子どもは多様な姿を見せます。先生の指示を待つわけでもなく教科書をめくり始める子ども、手を挙げて先生を見つめる子ども、隣の友達と相談をし始めるペア、教室のいたるところでその子らしい学びが始まるのです（筑波大学附属小学校の由井薗健先生の授業では、まさにそうした子どもの姿を見ることができます）。

何を言っても受け止めてくれる教室では、子どもは自分のアイデアを気兼ねなく発表するようになります。自分の意見が全体に取り上げられ、黒板に書かれ、議論されることに喜びを感じるようになります。自分らしい見方、人と異なる考え方に自信を持ち、新しいことへの探究心が燃え上がります。子どもの遊び心、クリエイティビティ、学ぶ意欲、好奇心といった、本来持っている子どもたちの天才的な力が、心理的安全性によって解放されていくのです。

先ほど、心理的安全性はペーパーテストの得点を必ずしも高めるものではない、と書きましたが、私の学級では、心理的安全性を高めた結果、全国学力・学習状況調査のB問題の正答率が大きく向上しました。普通はA問題と比べて10～20ポイント落ちるところが、A問題よりも正答率が高い項目がたくさんありました。子どもが気兼ねなく発言できるようになることで、子どもの見方・考え方が大きく育ったのではないかと考えています。

学級会は輪番制で子ども主体で話し合いが進む

授業中は男女・席順関係なく最適な学び方を各自が追究

誤解されやすい心理的安全性の意味

心理的安全性は「心理」と「安全」という字面から誤解を生みがちです。人間関係が和気藹々として、雑談や冗談を言い合えるようなアットホームな職場だからといって、必ずしも心理的安全性が高いとはいえません。むしろ、締切がなあなあになったり、物事が前年通りの楽な方向に流れたり、成長や新たな挑戦への意欲に乏しいという場合もあります。

教室も同じです。休み時間は異常に盛り上がるのに、授業になると沈黙が多くなる学級があります。休み時間だけ盛り上がるのは、授業で自分を出せないストレスを発散しているだけで、教室の心理的安全性はかなり低い状態にあります。子どもたちをよく観察すると、特定のグループ内でそれぞれが盛り上がっているだけで、豊かな人間関係というのを見ることはありません。

心理的安全性が低い学級では、子どもは、自分にとって「楽なこと」を選択する傾向があります。得意なこと、責任がないこと、制約がないこと、大人の目がないこと、すでにやったことがあることには取り組みますが、新しいこと、責任があること、乗り越える壁があること、他者と協働する必要があることには、驚くほど億劫になります。

前者は、ミスをしにくいこと・ミスをしても自分が咎められる可能性が低いことから、誰かに何かを言われる可能性も低くなります。後者はミスをする可能性が高いため、対人関係のリスクがつきまとうのです。心理的安全性が低いかどうかは、ミスや失敗をどれだけ恐れるか、という尺度でもみることができます。

本当の意味で、心理的安全性とは「人のために本音が言える」ということです。個人やチームの成長のために必要だとあなたが思うのであれば、これまでのやり方を批判するような考えを言ったり、従来にはない発想で挑戦したりしても許される（安全である）ということなのです。

Googleには、「フェイル・ベル（失敗の鐘）」という失敗をお祝いする文化があります。そこまでする必要はないかもしれませんが、失敗してもいいんだという文化を全力でつくることが、教室の心理的安全性を高めることに違いありません。

心理的安全性は、個人が成長し、学級としても成長するために「本音を言っても許される」安全です。言いたいことを誰に対しても言えることで、学びや成長は飛躍的に加速するのです。

「いい子」ほど疑う価値がある

突然、学校に来られなくなった子どもがいました。昨日までは普通に登校して、普通に出席していたはずの子どもだと思っていたので、「え、どうして？」と開いた口が塞がらないほどの衝撃でした。

その子は、子どもたちの間でも、先生方の間でも、誰に聞いても「いい子」と言われるような子でした。宿題をきちんとやり、忘れ物をせず、授業に真面目に参加し、問題を起こすこともありません。

当時はその理由が分かりませんでしたが、思い返すと、教室がその子にとって「自分を出してもいい」と思える場所になっていなかったように感じます。

日本の社会学者・加藤諦三氏は「子どもは、信じられない人の前では良い子になります」と言いました。私たち大人が見知らぬ人に会釈をし、仕事の電話で声色を変えるように、子どもたちも、リスクがある状況では「誰にも何もつっこまれないような仮の姿」をつくります。

手のかかる子どもに目がいきがちな教室ですが、実は、真面目で大人しい子どもほど、無理をしている可能性があります。「先生、私、学校合わないんですよね」とこぼした彼女や、保育園で借りてきた猫のように静かに過ごしていた息子がまさにそうです。

いい子ほどストレスが溜まり、無理をしている可能性があるという事実は、多くの教室で見過ごされがちな事実です。発達障害、問題行動の多い子ども、キラキラして目立つ子だけではなく、「いい子」ほど疑うことも、時に必要です。目に見える姿と、その子がありたい姿・なりたい姿は違うのです。

本書を読むあなたの学級にも、不登校やその傾向がある子どもがいるかもしれません。それはあなたのせいではなく、その子のせいでもなく、誰のせいでもありません。しかし、その子の「ありたい姿・なりたい姿」に向き合い、どうしたらそれを約束できるか考えていくことは、教師にできることの1つです。

笑えない教室が子どもを不幸にする

教師人生を振り返ったときに、最大の教育成果を1つあげろと言われたら「Bが笑った」ことが思い浮かびます。「笑えた」という事実は、その後の人生がＨＡＰＰＹになる可能性が高まったことを意味します。ベネッセが実施した「若者の仕事生活実態調査報告書」（２００６）では、小中学校時代の自己肯定感が、社会人になってからの仕事の充足感につながることが示されています。子ども時代の自己肯定感は、将来に大きく影響するのです。

Ｂはいつも無表情でした。クラス中が沸騰するように笑っても、口元はぎゅっと結ばれ微動だにしません。Ｂの目は前一点を見ているようで、実は周囲の状況をつぶさに観察していました。

そんなＢがよく笑うようになりました。数か月前とは別人のようにケラケラと笑っています。膝を手で叩くように笑うわけではありませんが、つつましく、しかし着実に周囲を照らすようにしっかり笑うのです。

Ｂは寡黙な性格でそもそも笑わないのではないか？
私はそう思って、「家ではどんな様子ですか？」と、お母さんに聞いたことがあります。

「家ではよく話し、よく笑うんです」

お母さんは、さらりと言いました。聞いた自分が恥ずかしくなるくらい、当たり前の言葉が返ってきました。そもそも、笑わない子などいません。

Bが笑わなかった期間を思い出すと、私語をつつしみ、姿勢よく静かに席に座っていました。行儀がよく、人に迷惑をかけず、手のかからない典型的な「いい子」です。それでいて、家では、「学校に行きたくない」と母親に漏らしていたといいます。

そんなBが笑うようになった理由は何でしょうか。大げさな言い方になるかもしれませんが、ここに不登校解決の糸口が隠されていると感じます。学級に一人はいるであろう「Bのような子どもが笑う」教室にすることが、学校をHAPPYにするのではないでしょうか。

ユニセフ・イノチェンティ研究所が2020年に発表した「レポートカード16―子どもたちに影響する世界：先進国の子どもの幸福度を形作るものは何か」では、日本の子どもの身体的健康は38か国中1位なのに対し、精神的幸福度はワースト2位（37位）でした。5～14歳の死亡率はトップクラスで低いのにもかかわらず、15～19歳の自殺率は高いのです。身体は健康にもかかわらず、心が不健康であることが分かります。

さらに、基礎的な読解力・数学的リテラシーはトップクラスに高いのと対照的に、社会的スキルはワースト2位です。これらの結果は、子どもがいかに教室で「笑えていないか」を如実に表しているように私にはみえます。

これまで不登校の子どもを見てきて思うことは、不登校になるのは「先生や友達と問題を抱えてしまった」場合だけではなく、むしろ、「問題はないけれど、何となく行きたくない」場合が多いということです。文科省の調査で、不登校の理由の約半数が「無気力・不安」であることからも推し量ることができます。

海外の教育を見てきた者として、日本の子どもたちの社会的スキルがそもそも低いとは思いません。スキ

15～19歳の若者10万人あたりの自殺率（ユニセフ・レポートカード16をもとに著者が作成）	
イタリア	2.5
フランス	3.4
オランダ	4.8
日本	7.5
米国	8.7

5～14歳の子ども1000人あたりの死亡率（ユニセフ・レポートカード16をもとに著者が作成）	
日本	0.73
イタリア	0.73
フランス	0.80
オランダ	0.81
米国	1.34

ルは発揮できてはじめて磨かれていくものです。子どもが本来持つ社会的スキルが教室で発揮できるような環境になっていないことが、子どもを不幸にしているのです。

Bが笑うようになったのは「人間関係」が変わったからでした。笑いはコンテンツ以上に「リレーション」が大切なのです。例えば、家族や友人とみるM-1グランプリは自然に笑いが起こりますが、知らない人と2人で見るとしたら、いくらおもしろくても笑いにくいのではないでしょうか。

幸福論を書いたアランは次のように言いました。

「楽しいから笑うのではない、笑うから楽しいのだ」

楽しいゲーム形式で学んだり、教師がギャグとボ

社会的スキル：すぐに友達ができると答えた15歳の子どもの割合（ユニセフ・レポートカード16をもとに著者が作成）	
ルーマニア	83
オランダ	81
韓国	77
フィンランド	75
日本	69

読解力・数学的リテラシーが基礎的習熟レベルに達している15歳の子どもの割合（ユニセフ・レポートカード16をもとに著者が作成）	
フィンランド	78
日本	73
韓国	70
オランダ	66
ルーマニア	34

ケをかましたり、おもしろいコンテンツを取り入れることも大切です。しかし、楽しいコンテンツを用意して子どもを笑わせようとせずとも、人間関係が良好であれば、学校は楽しいのです。

子ども同士の関係性をつくっていくことで、子どもは自然に笑うようになります。些細な日常、やりとり、学習、協力を楽しむようになるのです。最新型の iPhone を手に入れても連絡を取る相手がいなければ人生は無味乾燥になってしまうように、子どもが「学校が楽しい」と思えるためには派手な教育、新しいコンテンツは本質的には必要ありません。

心理的安全性が低いことによってもたらされる負の影響をひと言で表すとしたら、それは「対話」の少なさです。これまでたくさんの学級を観察して思うことは、心理的安全性と対話量は比例関係にあるということです。

人は対話を積み重ねることで互いを知り、信頼し、その結果、笑えるようになります。いつも一緒にいる夫婦でさえ、いつも一緒にいるからこそ対話が欠かせません。子どもたちは、信頼する人と一緒にいるから笑うことができるのです。

笑顔のない子どもはいません。笑わない子どもがいたら、笑顔でいられるだけの心理的安全性が教室にないのです。笑顔は個性や自己表現の入口です。多くの時間を過ごす学校で子どもが笑顔でいられるように、私たちは教室の心理的安全性を高める必要があります。

心理的安全性は教師がつくるもの

心理的安全性は教師がつくるものです。子どもに任せて、放っておいてつくられることはありません。また、心理的安全性のつくり方5箇条を明文化し、これを守りなさいと強制してつくることもできません。

教室の心理的安全性は、

「みせる」
「みる」
「みえるようにする」

という原理・原則と、

教室の心理的安全性をつくる 原理・原則
みせる
みる
みえるようにする

「教師のリーダーシップ」
「しくみのマネジメント」

という手法によって高めることができます。

大切なことなのでもう一度言いますが、心理的安全性は偶然につくられることはありません。あなたが働きかけ、つくるのです。

第2章「教師がつくる心理的安全性　リーダーシップの教科書」では、教師が働きかけて心理的安全性を高める方法を紹介します。リーダーによって組織は大きく変わるように、教室におけるあなたの振舞いが鍵になります。

第3章「しくみでつくる心理的安全性　マネジメントの教科書」では、しくみによって教室の心理的安全性を高める手法を紹介します。知らず知らずのうちに心理的安全性が高まっていくように、教室のしくみをデザインするのです。

そして、その手法を一気通貫するものとして、「みせる」「みる」「みえるようにする」という原理・原則を常に意識します。教育の目的は、その子のＨＡＰＰＹを約束すること

教室の心理的安全性をつくる 手法
教師のリーダーシップ
しくみのマネジメント

です。教師がＨＡＰＰＹをみせること、その子のＨＡＰＰＹをみること、みえるようにすることと。この原理・原則を忘れずに手法を学び、実践することが重要になります。

子どもの本質に迫る

「あなたは子どもをみていない」

初任のときの研究授業で、ある先生から指摘をされました。もうすぐ定年を迎えられる、優しいけれど芯のある先生でした。すごい授業がしたい。その一心で、板書も、教材研究もばっちり決めて挑んだはずが、手応えは驚くほどありませんでした。下心をすべて見透かされたようなその言葉に、見せかけの自信は崩れ落ちました。

それからは、授業をするときに「子どもと目を合わせる」ことを心がけました。人と目を合わせるというのは意外に難しいものです。私も得意ではなかったのですが、「子どもをみる」ための1歩だと思って、とにかく目を合わせるようにしたのです。

目を見るようになって分かったことは、「子どもの目は語る」ということでした。目で笑ったり、目で困ったりします。『嘘だあ！』と思われるかもしれませんが、それだけではありません。手を挙げていなくても考えに自信のある目。先生のボケを待っている目。仲のいい友達の考えが気になっている目。隣の子が異性として気になっている目。子どもの目には「物語」があります。そんな子どもの目を読みながらする授業は楽しくなっていきました。こうして、私の授業は変わりました。

どうして授業がうまくいかないのと悩む、全ての先生に伝えたいことがあります。教材研究は大切です。板書計画ももちろん大切。でも、それだけではいい授業はできません。かつての私のようなヘタクソな教師は、指導書ばかりみて、子どもをみていません。高級なお店にいくデートが成功するとは限らないように、大切なことは子どもをみることです。

子どもの目をみながら授業をしてみてください。

みえなかったものが、きっとみえるようになるはずです。

子どもを「みる」ということ

子どもを「みる」とは何でしょう。どうしたら「みている」ことになるのでしょうか。「みる」という日本語には、「見る」「観る」「診る」「視る」「看る」というように多様な意味を持ちます。

いくつもの会社を興した近代日本経済の父・渋沢栄一は、人をみることを「視観察」の3段階で言い表しましたが、私は、子どもを「みる」ことには3つの種類があると考えています。次からは、子どもを「みる」ことを「MIRU」と表現し、3種類の子どもの見方を説明します。

MIRU1.0　目に見える姿をみる

MIRU1.0は、目に見える姿をみることです。

本書の冒頭に登場したAの場合、真面目で静かで大人しい性格であるというのが、はじめの印象です。しかし、お分かりの通り、それは彼女の本質を捉えてはいませんでした。

注意すべき点は、深く知ろうとせずに彼女を「みた」場合、彼女は真面目で静かで大人しい性格にみえますが、本心では、明るく笑いながらいろいろなことにチャレンジしたいと思っているということです。

それからもう1つ重要な点は、本来ありたい姿に彼女自身が気付いていないということです。だから、彼女に聞いても分かりません。「どんな姿になりたいの?」「どんな自分でありたいの?」と聞いて返ってくる答えは、無言か、愛想笑いだけでしょう。

その子がどんな自分でありたいのか、どんな姿になりたいのか。観察をして、仮説をもつことが教師には求められます。

これは余談ですが、教師になるとさまざまな「やるべきこと」を教わります。学級目標をつくる、朝一番に教室で子どもを迎える、スタンプは何種類で、学級通信を書いて、丸付けはとめ・はね・はらいまでしっかりチェックして、おかわりをよそってあげて、トラブルがあったら家庭に報告して……というふうに。

それらの「やるべきこと」も、きっと、はじまりは教師の愛でした。その子にHAPPYになってもらいたいと始めたことが、愛が抜けて作業だけが残ってしまっているのです。

周りがやっているからやめにくくて、ズルズルと形骸化したものだけが増えていくのです。だからこそ、まずは「その子のありたい姿・なりたい姿」を考えましょう。それが教育の本来の出発点であり、私たちが常に立ち返る場所なのです。

MIRU2.0　ありたい姿をみる

MIRU2.0は「ありたい姿をみる」です。

ありたい姿をみるためには、みえない姿をみることが必要です。このことを教えてくれたのは、学校の問題児（と呼ばれていた）Cでした。

出会ったときのCは、学級で怖がられていました。友達をからかい、泣かせ、かっとなると手を出します。暴力的で、目を離すとすぐにトラブルが起きてしまう子どもで、いわゆる留意児童として学校では扱われていました（どの学校にもきっといることでしょう）。

しかし、お母さんから聞いた家での姿は、教室の姿とは異なるものでした。弟の世話をし、遊び相手になり、お母さんの家事を手伝い、みんなを楽しませるエンターテイナーでもあったのです。実際、彼が家族とスーパーで買い物をしている光景は、問題児とは思えないほど、表情が柔らかくて優しい顔をしていました。
Cの本当の姿、本人がそうありたいと願う姿は後者、つまり家の姿です。Cが本来ありたい姿を知ったことで、どうして学級ではその姿でいることができないのだろうという疑問が生まれます。この疑問に対して、しくみを疑い、しくみをつくりかえることで彼は別人のように（正しくは、本来の姿を出せるように）なっていきました。

留意児童といわれる子どもには、学校では見せない姿があるはずです。家での姿、親の前での姿、親友の前での姿、近所の人に挨拶をする姿、生き物を愛でる姿、好きなおもちゃを扱う姿。目にみえない部分までみようとすることで、本来の姿が分かることもあるのです。

本来、悪さをしようと悪いことをする子どもはいません。どんなに荒れていても、どんなに言うことを聞かなくても、心が開かれなくても、その子がありたい姿は生活のどこかにきっと隠れています。
それを見つけ出し、教室でもその子がその子らしくいられるようにすることは、学級経営の中で大切にしたいことです。かつての私は、悪いことは悪いと決めつけて、規則や規範を盾にしていました。規則や規範を基準として、その子が当てはまるか、当てはまらないかで評価していました。それによって数々の失敗をしてきたからこそ、学んだことでもあります。

MIRU3.0　なりたい姿をみる

MIRU3.0は「その子がなりたい姿をみる」です。

なりたい姿をみるためには、先生自身が学校の外を学ぶことです。このことを教えてくれたのは、異業種とのコラボレーションでした。

初任校で受け持った子どもの保護者で、プログラミングに詳しい教授がいました。私が勤めていた八戸市は北東北工業地域として工業が盛んでしたから、そこに貢献されている尊い仕事です。

その教授と学生たちにきてもらい、学年での特別授業「プログラミング体験教室」を体育館で開きました。そこで、プログラミングを通して工場のオートフォーメーションが可能になる様子や、色や大きさを判別する技術を体験的に教えてもらいました。

それは、目から鱗の経験でした。プログラミングがなぜ必要なのか、どこで誰がどのように使っているのか、実感として分かるようになったからです。

この学習を境目に、私はＩＣＴを大きく推進することになります。今では当たり前のようになりつつありますが、授業ではほぼ毎時間使い、休み時間の使用や、家への持ち帰り、宿題のデジタル化、学級通信・学年通信のデジタル化も、全国に先駆けて行いました。

ＩＣＴは生活を便利にするだけではなく、仕事を通じて世界をＨＡＰＰＹにするために必要不可欠であり、小学校からＩＣＴを使って問題解決や問題発見するような経験をたくさん積んでほしいと、心の底から願うようになったのです。

不思議なことに、子どもの見方も変わりました。ＩＣＴ機器ばかり触って外で遊ばない子や、論理が行きすぎ

て難しい言葉しか使わずどこか浮いている子を、リスペクトするようになったのです。それは、以前の私ならあり得なかったことです。

もちろん、それまでも子どもに対してのリスペクトはありましたが、尊重できるエリアが広がった、人間のミライに対する解像度が上がったような感覚でした。これまで学校教育という枠組みの中ではあまり評価してこなかったような子どもまで、腹の底から「君にはすっごい可能性がある、そのまま突き進め！」と思えるようになったのです。

これがきっかけとなり、私は「子ども一人ひとりを本当の意味で大切にする」ことができるようになった、そんな気がしました。私たちは知らず知らずのうちに教師寄り、学校寄りの価値観で子どもを評価してしまうものです。しかし、この「プログラミング体験教室」を通して、自分が知らないさまざまな価値を提供している人が世の中にはいるのだと実感を伴って理解できたことで、多様な子ども一人ひとりの未来を尊重できるようになったのです。

世の中にある仕事のうち教員の割合は1％未満、100人いたら1人もいません。他の99人は他の仕事に就きます。すべての職業を経験することなど誰にもできませんが、外部人材とのコラボレーションを通して、子どもたちが進む道はこの大海原なのだ！ということを知ることができます。子どもが進む未来を多様に捉えることで、その子がどんな可能性を持っているかが分かるようになります。それがすなわち、「なりたい姿をみる」ということです。

学級には多様な子どもがいます。個性を大切にされている子どもたちは、それぞれの方向に生き生きと伸びていきます。だからこそ、学校的価値観に寄りかかりすぎずに、その子にどんな可能性があるのかを感じ取るアンテナを高くする必要があります。

また、この「プログラミング体験教室」が、なぜ私にとって目から鱗が飛び出すような経験になったのか。それは、自分でつくったからだと思います。誰かにその場を用意してもらい、一参加者として参加していたら、そこまでの感動はなかったでしょう。

リクルートをつくった江副浩正は「自ら機会を創り出し、機会によって自らを変えよ」という言葉を残しました。発表から50年以上経った今でも社員間で語り継がれ、リクルートが創造的な会社であり続ける言霊です。機会を創ることで自らの無知を知り、世の中のおもしろさが分かり、目の前の子どもへの敬意を持つことができます。無知を知ることで、学び続ける意欲が湧いてくるのです。

中央教育審議会が「令和の日本型学校教育」を担う教師の在り方として「学び続ける教師」が必要だというのは、自分から学校外に学びに出かけることで、世の中を知り、己の無知を知り、全ての子どもに大いなる可能性があると信じて子どもをみてほしいというメッセージが込められているのではないでしょうか。

友達を「知らない」子どもたち

怯えるように大人しかったA、笑わなかったB、ト

3種の「子どもをみる」	特性
MIRU1.0	子どもの目に見える姿をみる
MIRU2.0	子どものありたい姿をみる
MIRU3.0	子どものなりたい姿をみる

ラブルの多かったC、彼らの本当の姿、本人がそうありたいと願う姿は学級の誰もが知りませんでした。

彼らだけではありません。担任するといつも驚くのは、子どもたちがお互いのことを理解していないことです。もちろん名前や顔は知っているのですが、どういう価値観を持っていて、どんな考え方をしているのかは、教師が思っている以上に知らないのです。

私たちが人に興味を持つ瞬間は、相手の物語を知ったときです。どういうふうに育ち、何を考え、何を大切にしているのか。あなたが興味を持つ人を想像すると、きっとあなたはその人の見方・考え方を知り、尊敬していたり、共感していたりするのではないでしょうか。

大学卒業後、私はグアテマラに派遣されました。日本人の協力隊が初めて訪れる土地で、私はすぐにホームシックになりました。言葉が分からない、文化が分からない、相手が自分をどう思っているか分からないから、全てが怖いのです。街を歩けばジロジロと見られ、酔っ払いが「チーノ(中国人)」と話しかけてきます。職場で飛び交う言葉についていけず、愛想笑いで乗り切る日々。

この経験は、「知らないこと」が何よりの恐怖であることを教えてくれました。学級の子どもが何を知り、知らないのか、あなたはどこまで言語化できるでしょうか。

管理型教育できまりを守り、先生の言うことを聞き、先生と子どもという関係性の中で育ってきた子どもたちは、お互いのことを理解していません。単学級で持ち上がってきた学級でもそうなのです。なぜ知らないのか、相互理解するためにはどうしたらいいのか、それがしくみをつくるうえでも大切な考え方になります。

教師オンラインサロン「授業てらす」では、自己紹介で「実は〇〇です」というコーナーをよく設けます。強面の先生が、「実は甘いものが好きで、毎日娘とアイスクリームを食べています」と意外な一面を披露すると、怖い顔なのに甘いものが好きで娘想いなのだと、相手に興味を持つきっかけになるわけです。

A、B、Cのような子どもはどの学級にもいるはずです。目にみえる姿で判断せず、子どもが互いに興味を持ち、信頼し合えるように機会をつくることが、教師にはできます。お互いを知ることで、子どもは心を開くようになるのです。

私たちが同僚の考え方・生き方をよく知らないように、子どももお互いのことを知りません。これから、個別最適化、個人志向の流れはますます進んでいくでしょう。だからこそ、お互いを尊敬できるような個人を育て、社会にしていかなければなりません。個人がただ個人のために生きるならば、必ず分断や争いが起こり、世界はよくない方向へと進む気がしてなりません。

なぜ無気力になるのか、問題行動を起こすのか

子どもはどうして問題行動を起こすのでしょうか。

子どもはどうして無気力になり、受け身になってしまうのでしょうか。

本来は好奇心旺盛、探究心の塊である彼らが無気力状態になってしまうこと、本来は優しい心をもつ彼らが問題行動を起こしてしまうメカニズムを明らかにすることが、教室をＨＡＰＰＹにするうえで欠かせない視点となります。

本質的な問題は「ストレス」にあると私は見ています。アメリカのキャノン博士による

と、人間は危機的状況（つまり、ストレスフルな状況）において「闘争・逃走反応」を示すとされ、これが子どもの問題行動や無気力となって現れるのだということです。

例えば、目の前に野生の熊が現れたとしたら、あなたはどうしますか。その場でできることは戦うか、逃げる（死んだふりをする）か、選択肢は限られています。

動物が、敵から身を守るために「威嚇」や「死んだふり」をするのは、死という最大のストレスに対しての闘争・逃走反応であるともいえます。

子どもにとって「教室のストレス」の一つが、「自分を出せないこと」ではないでしょうか。「ありたい自分・なりたい自分」が約束されない環境で、私たちは人生を楽しむことはできません。

トラブルメーカーだったCは、トラブルを起こそうと思って起こしていたわけではありませんでした。本当はもっとできるのに、明るくみんなを笑わせられるはずなのに、教室でうまく自分を出せないストレスが「戦う」という選択をさせ、問題行動となって表出していたのです。

自分はこんなこともできるのに、もっとこうやったらいいのにそれができない悔しさは、心理的安全性の低い職場を経験したことのあるあなたにも、分かるのではないでしょうか。

対照的に、真面目で静かで大人しい（フリをしていた）Aは、ストレスに対して「逃げる」ことを選択しました。学校では、先生の言うことを聞いて、静かに席に座っていれば波風が立つことはないと悟ったのでしょうか。

自分を表現することのデメリットを敏感に感じ取るような賢い子ほど、自分の身を守るために学校用の「仮の姿」をつくります。本当はそうありたくはないのに、ストレスによって受け身で無気力にならざるを得ないのです。

子どもが問題行動を起こしたり受け身で無気力になったりする本質は「ストレス」にあります。つまり、ありたい自分でいられず、なりたい自分を表現できない環境です。

Cは戦うという選択を、Aは逃げるという選択をしました。表出した結果は異なりますが、問題行動を起こす子どもも、受け身で無気力な子どもも、根っこの部分は同じなのです。

正論で子どもは動かない

宿題をやってこない子どもに、「やってきなさい」と言う。
授業中に手遊びをする子どもに、「やめなさい」と言う。
友達とトラブルを起こす子どもに、「もうしませんよ」と言う。
ノートを取らない子どもに、「書きなさい」と言う。

私の経験上、正論で子どもが動いたことはありません。こちらがやらせたいことを直接的に言うことは、多くの場合、子どもの心に響くことはありません。正論を言われることで信頼を失ったり反感を買ったりして、ますますよくない方向に進むことさえあります。

マーケティング界で有名な『ドリルを売るには穴を売れ』(青春出版社)という本があります。この本には、「ドリルを売るためにはドリルを売ってはいけない」「顧客は穴を掘りたいのだから、そのためにドリルが必要なのだ」と書かれています。穴を掘るためにドリルが売れるのであって、ドリル自体に価値があるのではない。ここがポイントです。

教育も同じです。宿題に価値があるわけではありません。まず、子どものありたい姿・

なりたい姿が先にあって、そのために宿題があります。授業もそう、ノートもそう、友達関係も、係活動も、全部そうです。

大切なことは「子ども理解」です。その子がどうなりたいかを知ることが、教師の働きかけを規定するうえでとても大切になります。

・宿題をこうしなければいけない。
・ノートはこう書かなければいけない。
・話し方はこうで、聞き方はこうしなければいけない。

これらは全て大人側の都合でつくられた基準であり、その子のＨＡＰＰＹを約束できるものになっていません。子どもがどうありたいのか、どうなりたいのかを起点に教育をつくっていくという考え方の先に、ＨＡＰＰＹな教室ができるのです。

とはいえ、勘違いしてほしくないことは、教師の熱があってこそのしくみです。学ばなくてもいい、好きにしたらいい、声をかけなくていいということではありません。むしろ、教師側にそういった「〇〇させたい」という強い想いがなければ、しくみをつくろうとさえ思えないのではないでしょうか。『この子にはこうなってほしい』『こういう子どもを育てたい！』と湧き上がる情熱が教師を突き動かすことは言うまでもありません。

教育はその子のＨＡＰＰＹを約束するためにある

あなたはどんな自分でありたいですか？

私なら、人のために生きる自分でありたいと答えます。友人に聞いてみると、人を大切にする自分でありたいという答えや、今を楽しむ心を大切にする自分でありたいという答えが返ってきました。あなたの答えはなんでしょう。

瞬間的に、パッと答えられない人もいるでしょう。

しかし、誰もが必ず「ありたい自分」を持っています。子どもも同じように、その子のありたい自分がいます。大人でも難しい問いですから、まだ気付いていない子のほうが多いでしょう。それを観察し、見つけることが真の子ども理解であると私は考えています。

また、私たちには「なりたい自分」もいます。「ありたい」と「なりたい」は似て非なるもので、「ある」はすでにここに存在している自分を指します。存在しているけれども、まだ気付いていない場合もそうです。あるいは、気付いているけれども描いたようにはありえていないということもあります。

対して、「なる」は目指す自分の姿です。今はそうなれていないけれども、将来的にはこんな人になりたいという理想像です。ありたいと同じくらい、なりたい自分も大切です。あなたは、どんな自分になりたいでしょうか。

大切なことは、子どもは「ありたい自分」と「なりたい自分」を持っているということです。教育は、その子がありたい自分でいられて、なりたい自分に近づくことを約束するものだと考えています。それを、私は「HAPPY」と呼んでいます。

本書で使うHAPPYの定義は、教育が約束する「ありたい自分でいられて、なりたい自分に近づける」ことを指します。私たちは、子ども一人ひとりのHAPPYを約束できているでしょうか。その子のありたい自分、なりたい自分を知っているでしょうか。

その子がどんな自分でありたいのか。
その子がどんな自分になりたいのか。

私たち教師は、その子のHAPPYを約束するために教壇に立っています。もちろんそれぞれの解があっていいですし、それぞれの解がリスペクトされるべきです。とはいえ、真に子ども主体を突き詰めていった先に、その子の人生がHAPPYになるために教育があるというのは、教師として肝に銘じておきたいものです。

学級はHAPPYを尊重し合う場所

とはいえ、学校は集団です。教室に30人、40人集まる意味を見出す必要があります。子ども一人ひとりのHAPPYを約束するだけなら、個別指導塾や伴走型のオンラインスクールでも代替が可能だからです。

学級は「HAPPYを尊重し合うところ」です。教育の本質である「ありたい自分・なりたい自分」を個々人が表現しながら、自分とは異なる人のHAPPYを尊重できるようになる場所です。

イギリスの哲学者トマス・ホッブズは著書『リヴァイアサン』で、人間が自然状態にあれば必ず闘争が起こると言いました。一度は聞いたことがあるのではないでしょうか。いわゆる、「万人の万人に対する闘争」です。

自分だけのHAPPYを利己的に追求した先には必ず争いがあるということは歴史が証明しています。だからこそ約束（契約）をもとにした市民国家（リヴァイアサン）が必要だとホッブズは説きました。これが今の法治国家のもとになっています。


例えば、「あの子と仲良くしたい」という個人のHAPPYがあります。一方で、「この子とは今は距離を置きたい」という個人のHAPPYがあります。これらはともにHAPPYでありながら、主張し合うだけでは対立・軋轢を生んでしまいます。

そこで、学級という集団が教育の場として有効に働くわけです。


「仲良くするために自分磨きをがんばろう」

「特定の人と仲良くする必要は必ずしもない」

「時間を置くことで解決することもある」
「一緒に働くことで人の違うよさが見つかる」
「友達や先生に相談することで新しい解決策が見つかることもある」

他者や集団の中で活動することを通して、自分でも知らなかった新しい自分の価値観や、その子への見方、人生の経験値を子どもは獲得します。他者との関わりなしには手に入らない価値が、学校にはあるのです。

学校はオワコンだという人もいますが、今後100年は「学校」というしくみが変わることはない、と私は考えます。昨年、学校が初めてつくられた京都市の学校博物館を訪れ、学校創設の歴史を学びました。社会をよくするため、国を豊かにするためにとてつもない規模の人間の「想い」が込められてつくられたのが学校です。

また、北欧など海外教育と比べられることも多い昨今ですが、（海外の教育研究に熱を入れて進めつつ）私たちは日本らしさにも誇りを持つべきです。日本人は古来より八百万の神を崇めてきました。八百万とは、太陽や月、風といった自然の他、あらゆる現象、学問、さらにはトイレにまで、この世の全ての物事には神が宿っているという考え方です。これを一神教（キリスト教、イスラム教、ヒンドゥー教等）を信仰する海外の方に話すと驚かれます。

さらに、多様な神々（一神教の国には神々という概念も言葉もありません）を認める神道の他にも、仏様やキリスト教も日本人の生活と切っても切り離すことができません。初詣にお寺を参拝し、亡くなった人の仏壇に手を合わせるのは仏教。クリスマスにケーキを食べて、サンタクロースからプレゼントが届くのはキリスト教です。

こうした日本人にとっての当たり前の生活は、一神教の国からすると「奇跡的な多様な価値観への寛容さ」にみえるのです。宗教の違いが戦争に発展し尊い命が失われることすらある世界の中で、多様な宗教を認め、いがみ合うことなくそれぞれを生かす日本は素晴らしい国です。実際、異国で出会った教育者にこの話をすると皆、目を見開いて驚き、日本人はすごいと敬意を示します。

今こそ、私たち日本人が本来持っている「多様な価値観への寛容さ」を学校教育でも発揮すべきです。先人たちがつくりあげた多様な価値観を認め、うまい具合に混ざり合うことを善しとする精神を発揮し、学校教育でも子ども一人ひとりの個性・能力が生かされるようにしなければいけません。私たち日本人には、それができるのです。

子どもを憎まず、自分を責めず、しくみを変えよう

職員室では先生たちは子どものことをよく話します。誰が今日どんなことをしたか、児童を多角的に理解するために大切なことだと言われます。しかし時に、うまくいかないことを子どものせいにして語る先生もいます。陰口はいけない、人のことを悪く言ってはいけない、と子どもたちに言って聞かせる立場の先生が子どものことを悪く言う姿はとても残念です。

また、クラスで問題行動が続いたり、受け身な児童が心を開いてくれない日々が続いたりすると、教師として自信を持てなくなります。自分はだめだ。教師に向いていないのではないか。月曜日、学校に行きたくないと思うのは子どもだけではありません。問題を自

分で全部背負い込んでしまう先生は多いのです。

本書を通して繰り返し伝えたいことは、全ての問題は子どものせいでもなく、あなたのせいでもありません。しくみを変えることによって状況は必ず好転します。かつて業績が下がりピンチに陥ったマクドナルドがV字回復したのはなぜでしょうか。２００９年、経営危機と言われたＳＯＮＹが復活したのはなぜでしょうか。働く社員は変わっていません。リーダーが変わったからではありません。リーダーが社員を動かすリーダーシップとしくみのマネジメントを変えたのです。しくみを変えることで、どんなに大きな組織でも、どんなに状態の悪い組織でも、必ずＨＡＰＰＹな未来をつくることができます。

問題行動が多い子どもがいます。目を離すとすぐにトラブルが起きて、手がかかります。傾聴的に言い分を聞いて、腰を落として、同じ目線になって寄り添う。そんなことをしても、次の日には同じことを繰り返します。

大学の講義で聞いたような「美辞麗句」では、子どもは動かず、現場に入るとむしろ、子どもというのはこちらの言うことを本当に聞かないというようにさえ、思うこともあります。

仏の顔も3度まではありませんが、こちらもだんだん腹が立ってきて、子どもを憎く思うことも私はありました。同時に、自分が情けなくて、「こんなはずじゃなかった」と泣きたくなるくらい、教師の仕事をしていると自分を責めたくなる瞬間があります。

「昨日言ったよね」「分かったって言ったよね」と、ついつい強く指導してしまうこと。教室には他の子どもたちがいますし、次にやることは山ほどあります。

言い訳に聞こえるかもしれませんが、他にもさまざまなハプニングが起こる教室で、来る日も来る日もその子を相手に優しく諭すことは聖人君主でなければ難しいのが現実です。そうして非力な自分を責めて、もっと違うやり方があったのではないかと家に帰って自己嫌悪する毎日は、苦しいものです。だからこそ、

子どもを憎まず、自分を責めず、しくみを変えよう。

うまくいかないとき、私はいつもこう言い聞かせていました。問題の99％はヒューマンエラーではなく、システムエラー。子どもに罪はなく、教師にも罪はない。変えるべきはしくみ、エラーを起こしているしくみを探り当てようということです。

宿題をやってこない、授業に集中できない子ども。

いつもふざけて、問題ばかり起こす子ども。

学校に行きたくない不登校傾向の子ども。

彼らを「みる」ことで、システムエラーを探り、しくみによって改善を試みます。

その子のＨＡＰＰＹを約束しながら、みんなで学級というチームをＨＡＰＰＹにして、そのチームで全校や地域をＨＡＰＰＹに、最終的には「自分は世界をＨＡＰＰＹにできる」という意識を持てることが学校教育のゴールです。あなたは教師という仕事を通じて、世界をＨＡＰＰＹにしているのです。

第2章

教師がつくる心理的安全性
リーダーシップの教科書

リーダーシップにはさまざまな定義がありますが、教室の心理的安全性を高めるためには、教師は、

「やってみせる」

「その子をみる」

「みえる化する」

の3つが大切だと私は考えています。

「みせる」とは、教師自身の姿でみせることです。海軍大将・山本五十六が人の動かし方について「やってみせ、言って聞かせてさせてみて、褒めてやらねば人は動かじ」と言いましたが、この「やってみせる」ことがリーダーシップの1つ目です。

教室に落ちているごみを先生が拾っていると、一定の割合で拾う子どもが現れるように、先生の姿をみせることで子どもも育つのです。主体的に学ぶ、協働的に学ぶ、対話的に学ぶ――子どもにしてほしいことはまず、「教師がやる」というのは、大切にしたい価値観です。

次に、「みる」とはとにかく子どもをみることに尽きます。教師が何をみているかによって、子どもは別人のように変わります。努力をみてくれていると分かれば努力をするようになり、優しさをみてくれていると分かれば、優しい姿があらわれます。相手の姿というものは、実は「自分が何をみているか」でもあるのです。

3つ目に、「みえる化する」です。みたことを学級全体に可視化する必要があります。教師しか知らないでは意味がありませんから、どうしたらその子の努力、変容、工夫を他の子どもも目撃できるのかを考えます。

やってみせる

好きなこと、好きじゃないことを伝える

私は、特に4月は「行動に対する好意」をはっきりと伝えてきました。反応がいい子、字を丁寧に書く子、牛乳をこぼした友達に駆け寄る子、いるだけでみんなを照らす笑顔の子、何をしてもおもしろい子。「君のここがすてきだと思う」と、言葉にして伝えます。

一方で、好きではないことも伝えます。友達の努力をバカにするように笑ったり、容姿をネタにしたり、約束を守れなかったり、「それはよくないと思う」とはっきり伝えます。心から思っているので、本気です。

だから、学級全体で大きく笑いが起きているときに、突然「それはよくないと思う」と

いう私の言葉で、シーンとなることもあります。でも、それでよいと思うのです。リーダーには言いづらいことを言う勇気も必要です。

私が知っている限り、善悪の判断がつかない子どもはいません。「この先生はどのような基準でジャッジをするのか」ということを、注意深くみています。最悪なのがジャッジをしないことや、画一的なルールに当てはめて、ルールという字面で人間性を否定することです。

どんな学級でも通用する子どもを育てる必要はありません。私たちはロボットを育てているわけでも、次年度の担任に迷惑をかけないことを目的に教育をしているわけでもありません。

義務教育の9年間で多様な先生と出会うからこそ、子どもの人生も豊かになるのです。次年度の担任に迷惑がかからないように、再現性があるように、自分色を出さないように、そうして学校色に染まることが、子どもの人生から、先生自身の人生からも豊かさを奪っていくのではないでしょうか。

先生はもっと自分らしくていいし、先生らしくなくていいと思います。子どもは先生をよく見ています。先生が本音で自分を出すようになれば、子どもたちも自己開示をするようになるのです。

学ぶ姿を見せる、人生は楽しいと教える

学ぶことは楽しい、人生は楽しいことを「身をもってやってみせる」ことは、子どもの近くにいる大人として大切です。

私は、朝の会で、毎日3~5分間のプレゼンテーションをしていました。自分が学んだことを写真1枚で子どもに伝えるのです。例えば、COCO壱番屋の創業者が「お店の価値を高めるために地域の掃除に力を入れていたこと」を、写真1枚見せながらプレゼンテーションします。

年間約200回、毎日新ネタを考えるのはとても大変でした。10回もやると子どもも慣れてきますから、社長シリーズの他にも、偉人、名言、おもしろかった本、テクノロジー、地球環境・SDGs、気になる事件、買ってよかったアイテム、自分の祖先紹介など、さまざまな内容を用意するようになりました。

電動キックボードを紹介すると誕生日に買ってもらう子がいたり、睡眠時間と学力の関係について紹介すると早く寝るようになったり、ココ・シャネルを紹介すると「私、令和のココ・シャネルを目指します」という子がいたり、たくさんの反響がありました。

読んだ本もよく紹介していました。学級文庫として先生の本を置くことはよく実践されていますが、読んだ本は必ず子どもにプレゼンテーションをしてから、学級文庫に追加していました。他の学級、他の学年からも借りに来る子どもが後を絶たず、学校の図書室か「星野図書館」か、気が付けば所蔵1000冊を超えていました。読書をさせたいなら大人から。先生が本を読むと子どもも間違いなく読書家になります。

人生が楽しいと伝える方法は、みんなで楽しいゲームをしたり、すべらない武勇伝を話したり、大袈裟なパフォーマンスをしたりすることだけではありません。

昨日、先生は何を学んだのか、楽しそうに話すだけでいいのです。

「学ぶって楽しいんだ」

「大人になるって無限の可能性があるんだ」

そういう気持ちを共有することが、人生が楽しいと教える一番の方法ではないでしょうか。


教材研究が忙しくて、そんな時間はない。子育てをしているからそんな時間はない。そう思われるかもしれませんが、時間はあります。教材研究をしているのなら、どんなふうに先生は研究をしているのか「やっていることを素直に」話せばいいのです。子育てをしているのなら、子育てから学んだことを素直に子どもに話せばいいのです。

孔子は「これを知る者はこれを好む者に如かず。これを好む者はこれを楽しむ者に如かず」と言いました。

学びには3段階あり、楽しむことは、好きであることや知っていることよりも価値があるという意味です。学ぶの語源が「真似ぶ（る）」という説もあるように、子どもは大人の姿を見て学びます。学ぶ子どもを育てる最善の方法は、まず、大人が学ぶことを楽しむことではないでしょうか。

保護者の話をする、リスペクトする

子どもに保護者の話をすることも多くありました。「○○さんのお母さんとお話して、すごく素敵で30分も話し込んでしまった」というと、「えー！！　何をそんなに話すの？」「それがさぁ、子どもの頃に見たアニメの話でさ、『おジャ魔女どれみ』って知ってる？」というように、雑談したことを好意的に話します。「とっても素敵なお母さんで、○○さんが素敵な理由が分かったんだよ」と最後に添えて。

子どもの中には、言葉にして家族が大好きだと表現する子もいれば、コンプレックスを抱えている子もいます。でも、みんなに共通していることは、自分の家族を認められるとうれしい、ということです。

先生が家族を好意的に見てくれている、知ってくれていることは、子どもにとっては大きな安心感になります。学校と家の姿が全然違う子どももいます。親と先生がつながっていると思うだけで、学校でも自然体の自分を出せるようになるのでしょう。

ふつうは、学級通信などで子どもの様子を保護者に発信します。それは大切なことですが、保護者の姿を学級の子どもたちに発信することも、公教育でもっと大切にするべきです。

保護者は多様性そのもので、さまざまな仕事で社会に貢献しています。主婦（主夫）や子育ても、かけがえのない仕事です。保護者とつながり、保護者の話をするだけで「キャリア教育」になり、子どもの未来は広がります（73ページで書いた「プログラミング教室」に登壇してもらったのも、教え子の保護者でした）。

不思議なことに、教室で保護者の話をするようになると、家でも教室の話をするようになるそうです。保護者と関わることを極端に嫌う教員もいますが、世の中のおもしろさを学ぶために、子どもが安心して教室で自分を出せるためにも、保護者に興味を持って接してほしいと思います。

私は、「保護者参観」や「懇談会」、「保護者面談」には、1年で一番気合いを入れると言ってもいいほど準備をして臨んでいました。

参観日は保護者参加型で、親子で一緒に笑い合えるようにさまざまな仕掛けをします。懇談会も参加型で、教師が話すよりも保護者の声を聞いたり、保護者同士がつながるようにしたりと、工夫を凝らします。出席率は高学年でも参観日が平均９割、懇談会も平均８割以上でした。

パーティーでは教師の鎧を脱ぐ

桶狭間の戦いは、戦力で圧倒的に不利な織田信長が大軍の今川義元を破り、信長の名を天下に轟かせました。織田が今川を破ることができた理由には諸説ありますが、私が好きな説は、「信長が勝手に突っ込んでいっちゃったから、家来もついていかざるを得なかった」という説です。

京セラやＫＤＤＩをつくった名経営者・稲盛和夫や伝説のキャッチャー・野村克也は、「組織はリーダー以上の器にならない」と言います。教育的にいえば、大人がやっていないことを子どもにさせるのは難しい。子どもにしてほしいことは、まずは大人がやろうという意味です。

子どもの多くは学校で「鎧」を着ています。

子どもが鎧を脱ぐという選択をするために、まずは教師が鎧を脱ぐことが有効です。では、いつ脱げばよいのかというと、行事がおすすめです。節分では豆を投げ、ハロウィンでは仮装し、運動会では〝昇竜拳〟をかまします。子どもが持つ「先生像」「学校像」を壊しましょう。

運動会や音楽会、子どもが企画したお楽しみ会は、「教師が一番楽しむ」ことです。その姿を見た子どもたちは、織田の家来のように、「あぁ、そんなに楽しんでいいんだ」と後に続くようになります。それまで学校で鎧を着ていた子どもたちが、学校生活を楽しむようになる姿を何度も見てきました。

私が2年間住んだグアテマラのキチェ県は、先住民族が多く慎ましい人が多いと言われていました。実際、優しくて物静かな人がたくさんいました。しかし、スペイン語で「Fiesta」というパーティーになると、みんながみんな羽目を外して楽しみます。

誕生日になると仕事を休み、家族・親戚・友人が数十名集います。そこで、おもちゃの入ったぬいぐるみを吊るし、棒で叩きまくるのです。ラテンミュージックにノリながら、子どもから年配のおばあちゃんまで、みんなゲラゲラ笑いながら、棒でぬいぐるみを叩きまくるのです。

カーニバルという年に一度の地域祭りでは、卵の殻を投げ合います。町中がバトルフィールドと化し、年齢や肩書に関係なく卵の殻を投げつけます。それが終わると夜通しダンスです。街中が踊るように、みんながみんなで笑い合うのです。

踊り狂う彼らは、いつもは真面目に働いています。真面目に仕事をしている人間がそこまでやるからおもしろいですし、彼らのことがますます好きになった瞬間でもありました。

勘違いしてほしくないのは、普段から羽目を外す必要はないということです。非日常を日常にしてしまうことは、むしろ逆効果です。授業は子ども主体です。子ども、保護者、地域と信頼関係を構築できるように、私たちは真摯にこの仕事に向き合い続けるべきです。そんな先生がお楽しみ会に仮装して現れたり、歌い始めたり、誰よりもノリノリで楽しんでいることが子どもはうれしいのです。その姿から学ぶのです。パーティーでは、先生史上最高に先生らしくない姿を見せましょう。大丈夫、子どもはもっとあなたを信頼するようになります。

全体最適にポジショニングする

箱根駅伝を5連覇するチームをつくりあげた青山学院大学駅伝部の原晋監督が、チームづくりの秘訣を聞かれ、次のように言っていました。

「チームには一体感と同時に緊張感も必要」

「一体感を前面に出した仲良しグループを形成すると、伸びるはずだった才能が潰される可能性がある」

人は組織に勝てません。流れるプールを想像すると分かるように、一定方向に流れる水を逆走することは、よほどの覚悟がなければできないことです。学級は成熟すればするほど組織になり、一定の方向に流れる傾向があります。

子どもと一緒になって、教師も学級の流れに身を任せてしまうのは危険です。人間は楽な方へ、易きに流れてしまうものですから、教師は「今、この船はどの方向に進んでいるのか」を見極める視点が求められます。

もっとやろう、高め合おうとする小集団が力を持ち、学級全体がピリッと引き締まっているときには、リーダーは笑いや小休憩を意識して、チームを和ませる必要があります。イケイケの小集団に教師も加勢して、誰かを置いてきぼりにしてはいけません。

逆に、だるい空気が蔓延し、やる気や覇気のないチームにおいては、教師はピリッとした瞬間をつくることを心がけます。やろうとする子を評価し、先生自ら姿勢を見せていくことも必要です。

個別最適と全体最適、このバランスはとても大切です。子ども一人ひとりを見て、その子に合った教育を提供することも大切です。全体を見て、天気がよすぎるときは雨を降らせ、じめじめとした天気が続いたときは太陽となり照らすのです。

はじめからうまくできるものではありませんが、訓練を通して目を養うことは可能です。学級がどんな状態にあるのかを言語化し、誰かに話しましょう。ＴＴや支援員の先生、先輩や管理職に学級を見てもらい、自分が言語化したものと比べることもよいでしょう。

「その子をみる」

引継ぎはしない

私は「引継ぎ」を意図的にしませんでした。担任を持つと、前年度の担任から子どもの情報を聞きます。片親のお子さん、学力に課題があるお子さん、クレームが多かった保護者、他のお子さんとの相性やトラブル履歴など、そういうことを引き継ぐわけです。

でも、子どもの事前情報はあまり聞かないようにしていました。私は、私の目でその子を見たかったからです（もちろん、次年度の担任から求められたら引継ぎをしていました。

また、アレルギー・エピペンの有無など、命に関わる引継ぎは最優先事項で頭に叩き込むのは言うまでもありません）。

事前情報は大切ですが、経験や知識が時に新しいことへの足枷になるように、子どもをみるという本質は見失わないようにしたいものです。

引継ぎだけではなく、職員室で繰り広げられる「子どもの愚痴話」にも、私は参加したことがありません。言霊というように言葉には力があり、人は、自分の口から出た言葉通りに世界をつくる傾向があります。子どもをネガティブに規定することが、どれだけその子の可能性を奪うでしょうか。

『影響力の武器［第3版］なぜ、人は動かされるのか』（ロバート・B・チャルディーニ著、社会行動研究会訳、誠信書房、2014）という名著の中に、「一貫性の法則」があります。私たちは、「口にしてしまったことを正当化する」傾向があると、そこでは証明されています。「あの子はトラブルが多い子だ」と言葉にしてしまうと、自分自身がその言葉から離れることができなくなり、結果的にその子の姿を縛ってしまうのです。

始業式前に子どもの名前を覚えるということも教育界ではよくやられる手法ですが、私は、生まれたばかりの赤ん坊のように、何も知らず、何も持たずに教室に入っていました（それについては賛否あるかと思いますが）。子どもを見ながら、出会いの瞬間という真っ白なゲレンデを楽しみます。「反応が素敵だね、お名前は？」「何で今、笑ったの？　ツボがおもしろいね」「めっちゃ笑うやん、最高やん！」と、一人ひとりのよさを発見していきます。

もちろん、引継ぎをする先生がいていいですし、引継ぎにこだわることもいいでしょう。引継ぎをする・しないという表面的なことではなく、なぜしないのか、なぜするのかという本質を語り合い、尊敬し合うようになると、学校はもっと気持ちのいい風が吹く場所になるはずです。

とめ、はね、はらいを指導しない

私は教師時代、漢字のとめ・はね・はらいを指導したことがありませんでした。とめ・はね・はらいは手段であり、目的ではないからです。教育の目的はその子のＨＡＰＰＹを約束することであり、学校で学ぶ目的はお互いのＨＡＰＰＹを尊重できることです。

とめ・はね・はらいを否定するわけではありません。むしろ逆です。ご家庭の教育方針や、書道に通うことで字を美しく書くことに誇りを持つ子どもを尊敬しています。とめ・はね・はらいを意識して書くことは、細部にまで注意をはらう力、空間把握（デザイン）の力、根気強くやり切る力、他にもさまざまな力を獲得することができます。字がきれいで得をすることがあっても損はありません。やらないよりやったほうがいいのです。

同時に、人の数だけ個性があります。個性というのはとてもおもしろいもので、年齢や経験、人との出会いなどによって変容していきます。私は、大学を卒業するまで「英語」に一切の興味を持てなかったのが、新卒でグアテマラという異国でスペイン語を習得してから「外国語を話せるってこんなにおもしろいのか」ということに気付き、帰国後、今でも外国語の学習を続けています。

幼児教育で有名なヘックマン教授が「就学前教育は後の人生に大きな影響を与える」ということを証明し、ノーベル賞を受賞した研究からも、幼少期に、若いうちにできるだけ教育に投資したほうがいいというのは教師や親ならば誰もが思うことですが、子どもがその必要性を感じていないのに、押し付けてやらせることにどれほどの価値があるのでしょうか。

とめ・はね・はらいの指導はしませんが、とめ・はね・はらいに気を付けて、美しい日本語を書く子どもに対して教師としてリスペクトを持つ、私はそうしてきました。そして、その子の天性の資質・能力、あるいは努力の過程にリスペクトを示すために、教師ができることは評価です。

丸付けのときに、丁寧に書く子どもに花丸をあげたり、ノートをコピーして教室前に掲示したり、字を上手に書くコツ講座を企画したり、所見欄にその子に対する敬意を言葉にして贈ったりして、その子の才能や努力がさらに輝くように評価することは、その子らしさやその子のこだわりをさらに伸ばします。

一方で、字を上手に書かない子ども、書けない子どももいます。そういう子どもは得して、他の部分で素敵な才能を発揮するものです。私自身が字をそこまでうまく書こうという子どもではありませんでしたから、「そうか、違う場面で個性を発揮してくれればそれでいい」「字が書けなくたって人生は何とかなる」「でも丁寧に書こうとか、相手に伝えようという想いは大切にしてほしい」と思いながら指導に当たるのです。

大人になってから添乗員、海外ボランティア、教師、起業家、経営者として仕事をしてきて思うことは、字を美しく書けるといい仕事と、書けなくても問題がないどころか何かを書く場面すらないという仕事もあるということです。教師は字を書いてなんぼの世界ですが、そういう仕事は世の中からみるとマイノリティであることは、頭に入れておく必要があるかもしれません。

「先生、字がうまくなりたいから厳しくチェックしてよ!」と言われて、鬼のように赤を付けて過ごした放課後もあります。子どもから頼まれたり、あるいは子どもが「日本語の美しさ」に気付いたりして、真心こめて文章を書きたいと思えるように内発的動機づけを行うことはいいと思いますが、「書きなさい!」「全員一律、赤で鬼直し!」のような指導は過去のモノにしていく必要があります。

同じように、書き順を指導したこともありません。教師自身が正しい筆順で書くことは大切だと思いますが、子どもがどう学ぶかは子ども自身に決めさせます。こちらが押し付けなくても、子ども自身がやりたいと思えるようにしくみから教育をつくっていこうと心がけていくと、授業や学級経営の腕がめきめきと上達していくはずです。

ちなみに、文科省によると書き順の明確な定義はないようです。『筆順とは、文字を書き進める際の合理的な順序が習慣化したもののことである。学校教育で指導する筆順は、「上から下へ」、「左から右へ」、「横から縦へ」といった原則として一般に通用している常識的なものである』と、学習指導要領に書かれています。

小さな変化を見逃さない

「先生の一番好きなところは、髪を切ると気付いてくれることです」

これは、高学年の子どもから言われたことです。髪を切った翌朝、子どもの心はドキドキしているものです。気付いてくれるかな、変じゃないかな。そこで「髪切ったね、すてき」とひと言かけてあげることが、どれだけその子の勇気になるでしょうか。

新しい洋服、新しい文房具、子どもたちの「変化」を見逃さず、声をかけます。私はあなたを見ているというメッセージは、適切なものであれば、うれしいものです。

そうして子どもをみる癖、習慣を磨いていくと、子どものノートの取り方や考え方の変化、話し方・聞き方の変化、友達との関わり方の変化にも気付くことができるようになります。変化を見逃さないようになると、トラブルの予防ができて、子どもと教師がＨＡＰＰＹな学級経営ができるようになります。

朝、教室に入るとき「おはようございます」と言いながら、全員の顔をみます。数秒の間に、全員と目を合わせるように見回します。といっても、現実には全員とは目は合いませんが、大切なのは変化を見逃さないことです。「あ、髪を切ったな（あとで言おう）」「（昨日より少し暗い感じ…）どうかしたかな」「いつもは寄ってくるのに今日は寄ってこないな」などです。

毎日繰り返すことで、子どもをみる目が鍛えられていきます。教師自身の気持ちが落ち込んでいたり、余裕がなかったりすると子どもをみることはできなくなりますから、先生自身が自分の身体を大切にして元気に出勤することも大切です。

みえる化する

宿題はハンコの数で努力をみえる化する

私は、自主学習ノート（いわゆる、「自学」）に力を入れました。白紙のノートに自分で学びをつくるという積み重ねは、これからの時代に必要な力だと思ったからです。

最初、ハンコは全員1つずつ押します。子どもは、「なるほど、先生はハンコを押すタイプだな」と学習します。はじめのほうは、漢字の書き取りや計算を並べたような基礎・基本的なノートが並びますから、教師の言葉かけは「書き取りしているね」「計算をしているね」と事実を描写するとよいと思います。こういうときに、無理に褒めたり、あるいはこういうふうにしなさいと指導することは、逆効果になります。

数回のうちに、必ず「ＳＨＩＮＫＡ」がみられます。「ＳＨＩＮＫＡ」とは、深化・進化・新化のように、当てる漢字によって意味が異なります。子どもがどのように「ＳＨＩＮＫＡ」するのか、教師はみるのです。

漢字の書き取りを例にすると、１日１ページやっていたことを２ページやってくるようになることが「進化」です。このとき、ハンコを２つ押します。私は「あっぱれ」ハンコを愛用していたので、「２あっぱれ」という共通単位が子どもから自然と登場します。

例文を書いたり、形を考察したり、部首や画数で類型化したりする子どもも現れます。

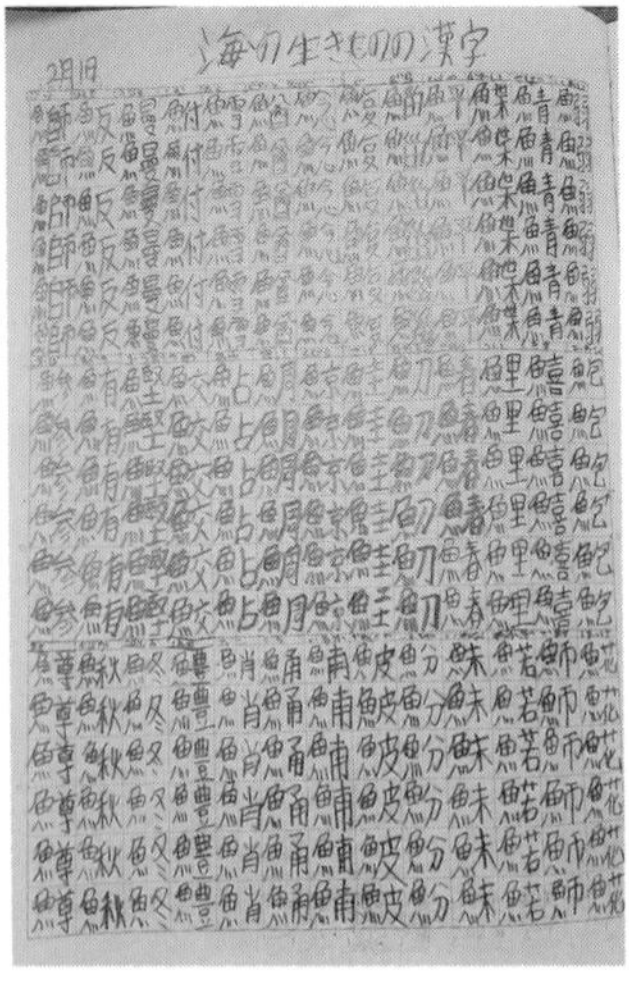

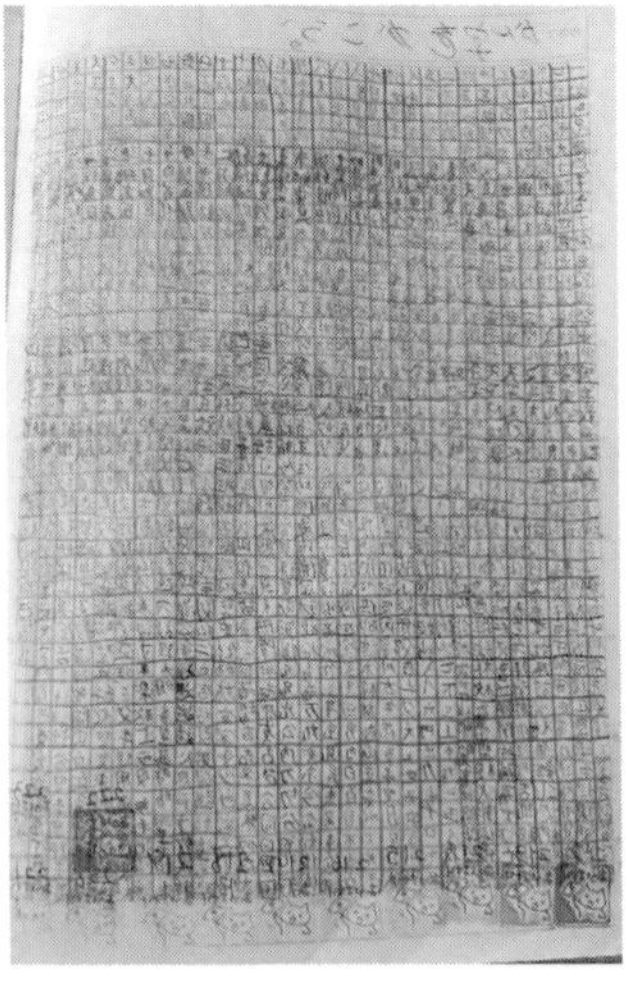

これが「深化」です。既習知を応用したり、つなぎ合わせたりして新しい「知」を生み出すことで学びは深めることができます。子どもが自ら深め始めたとき、ハンコの数も増えていきます。私はこの「深化」を高く評価していましたから、年度末にもなると「10あっぱれ」をもらう強者も現れるほど、学びの質は高まっていきました。

新しい漢字を創作したり、学級に配ってもらおうとクイズ形式の穴埋めにしたり、1マスに4漢字を敷き詰めたり、これまでにない新しいチャレンジを「新化」と呼びます。創造性を発揮する子どもは、これが大好きです。どれだけ思考してきたかで、ハンコの数は変えていましたが、子どもの発想には驚かされ

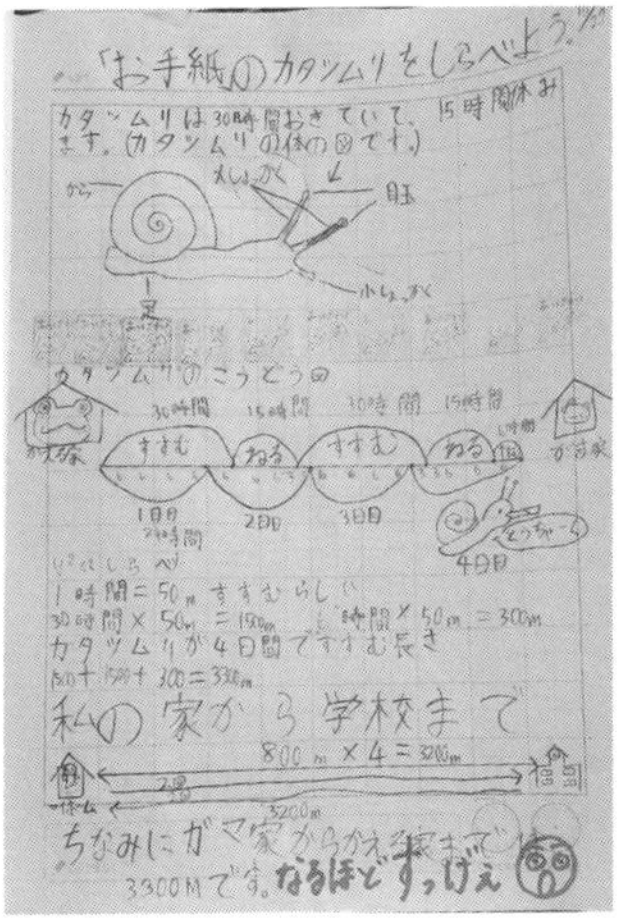

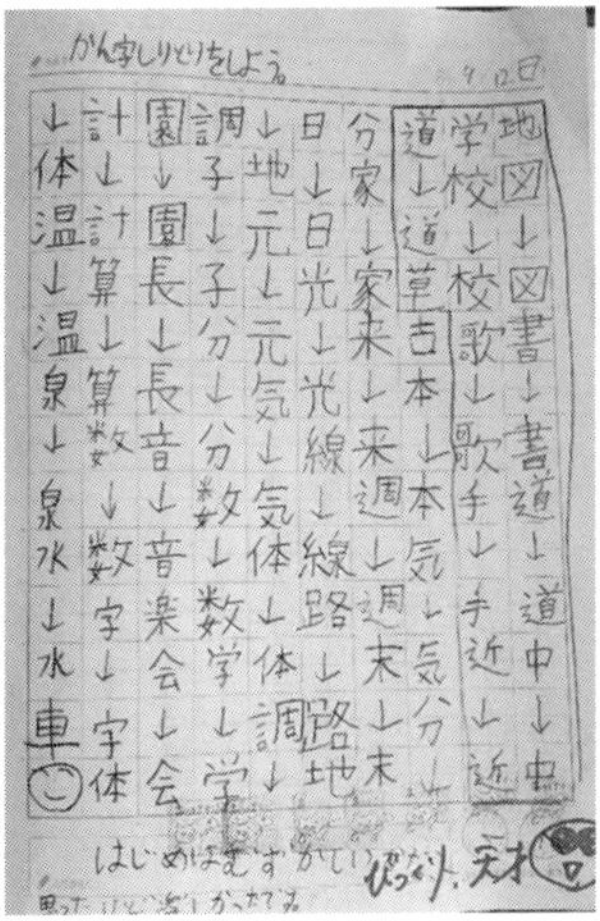

てばかりでした。

他にも、自分の特性を磨き上げる「芯化・伸化」や、文字通り神のごとく降臨する「神化」もあります。

前のページの自学のように、国語科「お手紙」を読む学習で、「四日たって、かたつむりくんが、がまくんの家につきました」という叙述に注目したある児童は、カタツムリが30時間起きて15時間寝るという生態を調べ、かえるくんの家からがまくんの家までの道のりを計算していました。

大切なことは、子どもはその子の特性に応じて多様な「SHINKA」をするということです。どの「SHINKA」も見逃さず、ハンコの数で評価することで、子ど

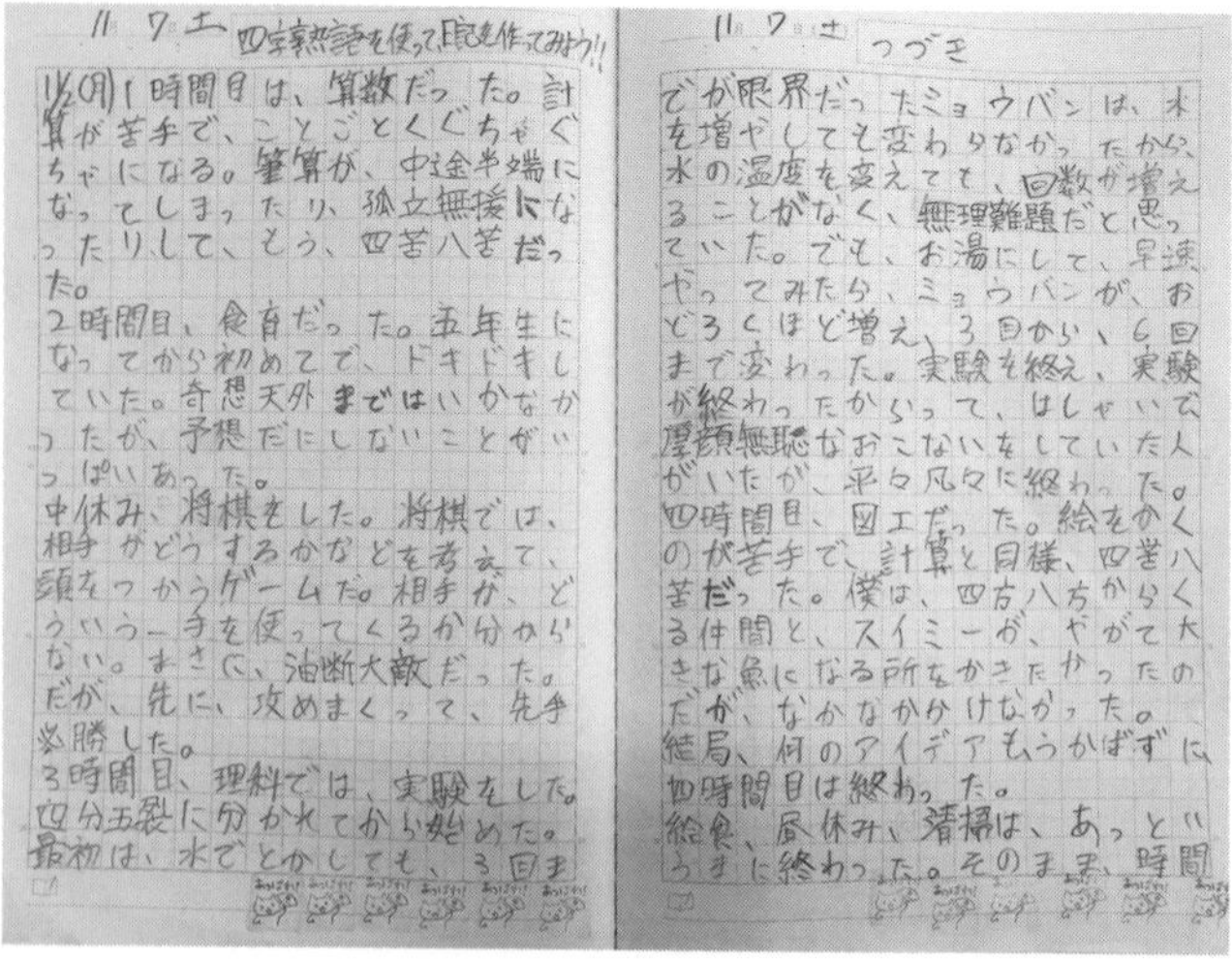
11 7 土 四字熟語を使って日記を作ってみよう!!

11/6(月)1時間目は、算数だった。計算が苦手で、ことごとくぐちゃぐちゃになる。筆算が、中途半端になってしまったり、孤立無援になったりして、もう、四苦八苦だった。
2時間目、食育だった。五年生になってから初めてで、ドキドキしていた。奇想天外まではいかなかったが、予想だにしないことがいっぱいあった。
中休み、将棋をした。将棋では、相手がどうするかなどを考えて、頭をつかうゲームだ。相手が、どういう一手を使ってくるか分からない。まさに、油断大敵だった。だが、先に、攻めまくって、先手必勝した。
3時間目、理科では、実験をした。四分五裂に分かれてから始めた。最初は、水でとかしても、3回ま

11 7 土 つづき

でが限界だったミョウバンは、水を増やしても変わらなかったから、水の温度を変えても、回数が増えることがなく、無理難題だと思っていた。でも、お湯にして、早速やってみたら、ミョウバンが、おどろくほど増え、3回から、6回まで変わった。実験を終え、実験が終わったからって、はしゃいで厚顔無恥なおこないをしていた人がいたが、平々凡々に終わった。
四時間目、図工だった。絵をかくのが苦手で、計算と同様、四苦八苦だった。僕は、四方八方からくる仲間と、スイミーが、やがて大きな魚になる所をかきたかったのだが、なかなかかけなかった。結局、何のアイデアもうかばずに、四時間目は終わった。
給食、昼休み、清掃は、あっというまに終わった。そのまま、時間

もはさらに伸びていこうとします。

自学にコメントを書く場合も、「ＳＨＩＮＫＡ」の度合いに応じて文量や文質を変えます。ただの書き取りを必要以上に褒める必要はありません。「漢字を書いているね」など、淡々と評価していいと思います。コメントを書かないという選択も検討すべきです。一方で、「ＳＨＩＮＫＡ」した子どもには相応のリターンを投下する必要があります。差をつけることは平等ではありませんが、「公平」です。子どもに対して公平であるというのは、学級経営において大切にしたいことです。

また、評価は「質と個人内」のせめぎ合いの中で行います。一律に評価基準を設けるこ

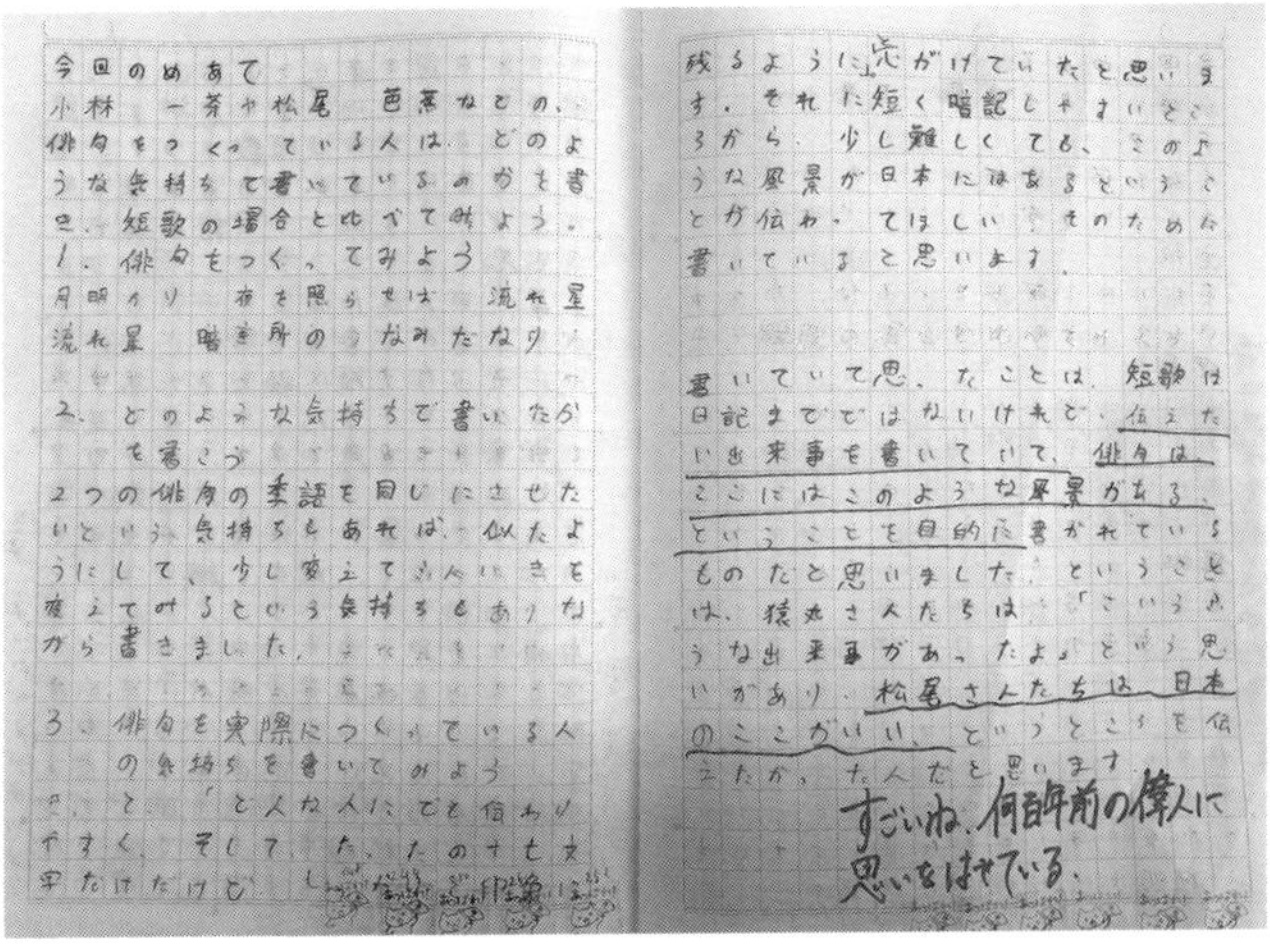

とはなく、可能な限り、その子がどう努力し変容したかをみます。しかし、どうしても基準というものが必要なときは、それを使うこともします。教師も人ですから、精密機械のようになる必要はありません。

「変容」にスポットライトを当てる

子どもの「変容」を評価することで、心理的安全性は飛躍的に高まります。なぜなら、人を信頼する瞬間は、「自分のことをみてくれていると感じたとき」だからです。

変容にスポットライトを当てるためには、まずは物語初期の姿をピン留めする必要があります。常に自分の中で記憶しておくのです。このときに大切なポイントは、抽象的な姿ではなく、どのような行動をしたかを記録することです。

例えば、学習ノートは「変容」をたくさん見取ることができます。4月上旬、子どものノートには何が書いてあるでしょう。普通は、先生の板書をそっくりそのまま写すことが多いと思います。それがふと、黒板にない言葉や図、イラストが登場します。あなたはそれを見つけ、「どうしてそうしたのか」と尋ねます。または、「みんな、どう思う?」と聞きます。あるいは、そのときは何も言わないでおいて、後日、よきタイミングで「最近、○○さんのノートがすごいと思うんだよね」と投げかけます。

内容だけではなく、書くスピード、筆圧、丁寧さ、姿勢、使っている漢字、字体、文章から伝わるやさしさやユーモア、子どものノートには「今」のその子らしさが詰まっています。

それを効果的に記憶するために、おすすめの方法は3つあります。

1つ目は、「そのまま言葉にすること」です。筆圧が強い子どもには「力強い文字だね」と声をかけ、ひらがなばかり使って書く子どもには、「ひらがなを多く使うんだね」と声をかけます。アウトプットすることで自分の脳にインプットされ、記憶が強固になります。

2つ目は、「メモを習慣にすること」です。休み時間、給食を早く食べ終えたとき、退勤5分前、ちょっとした隙間に子どもの行動情報を入力します。子どもの行動をメモする習慣が身に付くと、子どもをより深く、より多面的にみることができるようになりました。

3つ目は、「誰かに話すこと」です。私は妻にその日の出来事を話していました。ポイントは愚痴ではなく、おもしろそうに話すことです。「ユーモアのある文才少年がいてさ、彼になんでそんなにおもしろく書けるのか聞いたら、『読む人がおもしろいからじゃないですか？』と返されて、11歳でどんだけ人間できてるんだって話だよ」などと、HAPPYに話すことでその子を好きになりながら、子ども理解が進むのです。

一番やってはいけないことが、「一律の基準で全員を評価する」ということです。宿題をやっているからあなたはいい子、やっていないからあなたは悪い子。これが、一番やってはいけないことで、一番やってしまいがちなことでもあります。

みせる、みる、みえる化する

教師のリーダーシップは「みせる」「みる」「みえる化する」の3つを行うことで、教室の心理的安全性は高まります。先生がやってみせることで「こんなことを（学校で）やっていいんだ」「笑っていいんだ」「世界に興味を持っていいんだ」と子どものありたい姿・なりたい姿を出しやすくなります。

私の学級では、特に自称・オタクの子どもたちが輝き始めました。推しのYouTuberやアイドル、アニメのキャラクターなどを学級で表現するようになったのです。授業中にも「このアニメの主人公が○○と言ったように、今の友達の発言は価値があると思うんです。だって……」と生き生きと話すようになります。学校でオタク感を出してはいけないと思っていた子どもが、先生があそこまで先生らしくないなら私もやろうと思うわけです。それくらい、子どもは本来の自分を隠しています。

子どもを「みる」ことで、子どもは安心して自分を表現するようになります。過去の自分の言動を覚えていてくれて、それがあるときにふと価値付けられるという体験は、子どもにとって先生を信頼するに十分な事実です。

お楽しみ会の飾り係にある子を任命したときのことです。「なぜ、私が？」という目をしたので、理由を簡単に添えました。

「授業中にノートを見ると、自分で工夫して書いていてすごいと思っていた。その工夫の仕方が実にユニークだから、今回のパーティーでもその力を発揮してほしい」

目立つような子ではありませんでしたが、考えを図解できる子でした。その力は、お楽しみ会での飾り係でも発揮され、実にユニークで明るい飾りが並びました。

机間散歩をすると子どもは実に多様な姿を見せます。そうやって考えるのか、そう表すのか、教師として予想を超える姿ばかりです。それにちゃんと感動して、ちゃんと覚えておくことです。

リーダーシップの最後は、「みえる化する」ことです。誰の何をどうみせるか。ここに教師の醍醐味があり、あなたの個性を発揮できるところです。方法は無限にあります。掲示、言葉かけ、焦点化、機会、教室は自由自在です。しかし、大切なことは子どものＨＡＰＰＹを約束するのは教師だということです。そのために、私たちは子どもたちに教師の姿をみせ、子どもの姿をみて、他の子どもたちにみえるようにするのです。それが、教師のリーダーシップです。

第3章

しくみでつくる心理的安全性
マネジメントの教科書

3つの距離をつくり出す

物理的距離①　座席はパーソナル・ディスタンス

物理的距離で大切なことは、「個体距離」になるということです。個体距離というのは、0.45m〜1.2mの距離のことで、パーソナル・ディスタンスと言われます。個体距離はお互いの表情を読み取ることができるので、自分が相手に受け入れられていることが分かり、子どもにとって「対話がしやすい」距離なのです。

心理的安全性を高めるはじめの一歩は、お互いのことを深く知ることです。そのために対話は不可欠で、対話のためには距離感が大切です。

文化人類学者エドワード・ホールによると、対人距離は4つに分類することができます。

表にまとめたように、0.45m〜1.2mが個体距離（パーソナル・ディスタンス）、1.2m〜3.5mが社会距離（ソーシャル・ディスタンス）、それ以上離れると公共距離となり、講演者と聴衆のような関係になります。

会話がしやすいのは3.5mまで、対話がしやすいのは1.2mまでというところがポイントです。教室の子どもたちを観察すると分かりますが、遠い席の級友とは会話が極端に少なくなります。驚くことに、少なくない数の子どもが対話をせずに（つまりお互いを理解することなく）一日を終えるのです。これでは、心理的安全性をつくることはできません。

ちなみに対話と会話の違いは「変容」にあります。信頼関係のない他人同士でも会話は成立しますが、

対人距離		特性
密接距離（intimate distance）	0.45m未満	ごく親しい人に許される空間。
個体距離（personal distance）	0.45m〜1.2m	相手の表情が読み取れる空間。
社会距離（social distance）	1.2m〜3.5m	相手に手は届きづらいが、容易に会話ができる空間。
公共距離（public distance）	3.5m以上	複数の相手が見渡せる空間。

会話の前後で変容はありません。

対話は相手の意見に自分の意見を重ねてAをA'にしたり、相手の意見Aと自分の意見Bをぶつけて新しい価値Cをつくったりすることです。相手側にも、自分側にも必ず変容があります。だから、対話は楽しくてわくわくするのです。


話しづらかったあの先生と職員室で隣の席になったら急に話しやすくなった（あるいは、同じ学年を組んだときにはあれだけ話した先生と新年度になったら疎遠になってしまった）という経験はありませんか。

半径5mの法則ともいわれるように、私たちは半径5m以内の人たちと世界をつくっているといわれます。実は、心の絆は物理的距離でつくられている側面もあるのです。

相手への興味・関心もそうです。地球の裏側、南米で起こるニュースを私たちの多くは知りませんが、身近で起きたニュースには敏感に反応してしまいます。子どもたちも同じように、距離が近ければ近いほど友達への興味・関心が高まりやすくなるのです。

これまで多くの学級を見てきましたが、コミュニケーションが活発な学級は総じて座席間隔が近いです。そこまで人数の多くない学級や少人数指導の場合であっても、教室が広く使えるからといって座席間隔を空けてしまうことは、心理的安全性という視点では逆効果になってしまうので注意が必要です。

さらに、座席が近いと「小さい声でも届く」というメリットがあります。私たち大人も、遠い席の同僚に「おーい！」と話しかけることは憚られても、隣の席の同僚に「あの、ちょっといいですか」と話しかけることは難しいことではありません。

席が遠ければ遠いほど、大きな声を出さないと相手に届きません。それは「自分の声が他の友達に聞かれてしまう」というリスクを意味します。その人だけに伝えたいことが他の人にも伝わってしまい、自分の言葉に対して何か言われるかもしれないという「対人リスク」を取り除くために、ペア同士の座席をくっつけることは有効です。

自信がなく、声の小さい子どもも、隣の友達と授業中に対話をしたり、ちょっと相談したり、そういう時間が一日に何回かあるだけでその日がＨＡＰＰＹに感じられるのです。

子ども間の対話総量が少ないと感じたときや、学級の雰囲気が何となく落ちていると感じたとき、まずは子どもの「物理的距離」を観察しましょう。「机の乱れは心の乱れ、机の距離は心の距離」なんてリズムよく笑いながら言うと、子どもたちも楽しそうに机を近づけ始めるかもしれません。

物理的距離②

席替えは平等ではなく、公平に決める

席替えは基本「くじ」ですが、手のかかる子どもは指定席として教卓の目の前や、最前列にします。先生の目が行き届き、指導がしやすい位置ということがよく言われますが、純粋に「手がかかる子どもほど先生との直接的な関わりを（潜在的に）願っている」からです。

指定席にすることに抵抗感がある先生もいらっしゃると思います。「全員同じルールで平等にしないといけない」「指定席にされた子どもはどう思うのか」などと思われるかもしれません。しかし、直接的な関わりが増えることをそのときその子が願っているのなら、それを約束するのが教育であり、真の「公平」です。

指定席になった子どもとはたくさん話します。もちろん毅然と指導もしますが、バカな話で思いきり笑うことも毎日のようにありました。子どもが「先生、米津玄師のLemon

を替え歌します」と言って、友達のことを褒め始めたときは大爆笑でした。その子は学年一の問題児と言われていましたが、人と人で向き合い、対話を増やすことでいい面を表現できるようになったのです。

とはいえ、手のかかる子どもと対話を積み重ねることは世間が想像するよりはるかに大変で、先生のメンタルは疲弊します。先生が上機嫌でいることが何にも勝る教育ですから、関わりに疲れたら無理をせず、席をチェンジすることも検討すべきです。

必要だと感じたら、即座に席を交換することもあります。例えば、悪ふざけがすぎて、２度、３度注意しても繰り返す場合はすぐに席をチェンジします。

子どもがよくないベクトルに力を使うことを許すことはしません。どんなに有名なサッカー選手でも素行や調子が悪ければ交代するのが監督の役目です。よくない行動をそのまま放置すれば、真面目にがんばっている子どもに必ず悪影響が出ます。

調子にのってふざけてしまう子どもは、面倒見のよい子どもと組ませることでそのパワーがよい方向に働きます。本当は明るいのに自分を出せない子どもは、懐に飛び込むのがうまい子どもと組ませると自分を出せるようになります。

「自分という存在は、身近な5人の平均値である」
という言葉があるように、私たちは身の回りの環境に大きく左右される生き物です。席替えによってトラブルが起こりやすくなったり、人間関係が険悪になったりということは実は今日も日本全国で起きていることです。よくも悪くも環境を規定してしまう席替えを、私たちはうまく使うべきです。

例えば、目を離すとすぐに誰かにちょっかいを出し、トラブルを起こす男子児童に対して次のように対応したことがあります。

窓際の後ろから2番目に席を指定しました。そして、周りの5席は学級の中でも選りすぐりのしっかり者に座ってもらいました。面倒見のよい友達に囲まれ、優しく手厚いサポートを受けた彼は、結果的に学習、生

	優しいしっかり者	優しいしっかり者	窓
	優しいしっかり者	男子児童	
	優しいしっかり者	優しいしっかり者	
黒板			

活の両面ですてきな姿が見られるようになり、学級全体が上向きになりました。

人には相性があり、そのときの自分に必要な存在がいます。
「あの人と出会ったおかげで今の自分がある」というように、誰といるかによってHAPPYは変動すること、心理的安全性は変動することを私たちは知っているはずです。
子ども理解の目的の1つは、誰と誰が相性がよいか、誰と誰を組ませることでどんな影響があるかを観察、分析、実践することで、その子のよさを活かすことなのです。

先生や友達との距離について話を進めてきましたが、忘れてはいけないことは諸行無常、時間とともに「距離」は変化していくということです。はじめは、誰にも心を開けない子どももいます。心を通わせ、すぐに信頼関係をつくりたいものですが、ぐっと我慢をしましょう。必ず、その時はきます。

後述する「イノベーター理論」（178ページ）で詳しく書きますが、適応には個人差があり、無理をしても意味がないのです。友達との距離も同じです。無理をせず、できることから始めるというのが、すぐに距離を縮めようとたくさんの失敗をしてきた私から贈る、あなたへのアドバイスです。

時間的距離①

授業で対話のインターバルを縮める

時間的な距離も大切です。

時間というのは、学級の友達と前に話したときから次に話すまでの「インターバル」のことです。インターバルが短いほど、時間的距離が近いといえます。どうしてこの時間的距離が大切かというと、友達と接する回数が多ければ多いほど、その関係性は良好になるからです。

アメリカの心理学者ロバート・ザイオンスの「ザイオンス効果」によると、「人は、同じ人や物に接する回数が増えるほど、その対象に対して好印象を持ちやすくなる」といわれます。

長い間話さないことで関係性が途切れてしまったり、逆に、偶然の接点が重なって仲が深まっていったりした経験は誰もがあるでしょう。大切なポイントは、仲がいいから話すのではなく、話すから仲がよくなるのです。この理論を学級経営にも応用します。

時間的距離を縮めるには授業を活用することがおすすめです。学校で過ごす多くの時間が授業ですから、授業で関わりを増やすことでザイオンス効果を最大化することができるのです。

例えば、授業の最後にまとめや振り返りを書いたり、授業の途中に自分の意見を書いたりする場面。先生だけに見せて終わったり、一部の子どもだけが発表して終わったり、隣やグループの友達に見せて終わったりしていませんか。これでは時間的距離は縮まりません。

ノートに考えを書いたら席を立ち、３〜４名と意見交流をする活動を取り入れます。先生にノートを見せた後、席にそのまま戻るのではなく数名の友達とシェアをしたり、作品やノートを交換して青ペンでコメントを書き合ったり、多様なバリエーションで交流を促すのです。

この活動を取り入れることで、一日のうちに学級の友達全員と話すような子どもが現れるほど、子ども同士の接点が増えます。接点が増えると「ザイオンス効果」で子どもの関係性がよくなりますから、学校が楽しくなります。学校が楽しくなると学力も、体力も、全てのことが相乗的に好転していくのだから不思議です。

さらに、この活動のよいところは、考えを書き終わった子どもが学びを深め、広げることができることです。心理的安全性を高めていくと教師の予想を遥かに超えるような意見がたくさん登場します。その意見を子ども同士が共有していくわけですから、見方・考え方にとどまらず、知識や経験、話し方まであらゆる能力が高まります。

しかし、注意すべき点もあります。まず、特定の友達とだけ交流するようにしないことです。特定の子どもとだけ交流すると、学級全体の心理的安全性は高まりません。そうならないように「男女2名ずつと交流すること」「今日まだ話していない友達に声をかけること」という教師の願いを語ります。ルールではなく願い、HAPPYのためにみんなで進んでいこうという前向きな文化を形成していくことも大切です。

学級の子どもたちをよく観察すると、誰と誰がたくさん話していて、誰と誰がまったく話していないか分かります。私は、はじめはメモ用紙に誰と誰がどの程度話しているかをチェックしていました。年度初めから定期的にやっていれば、慣れてくるとメモをしなくても把握できるようになります。

私が観察をしてきた学級では、子ども同士の接点は驚くほど少ないものでした。いや、正確には話しているのですが、先生とばかり話す子や、特定の子と話す子が多いのです。コンビニ弁当ばかり食べていたら健康を損なうように、たとえ対話量が確保されていたとしても、対話の相手が極端に偏っていたら教室の心理的安全性は高まりません。

もちろん、子どもも人間ですから相性があります。水と油のように合わないこともあります。しかし、友達との接点を豊かに増やすことで子ども同士の関係性が前向きになることも事実です。自然のままでは接点を持たない子どもも、教師の意図的しくみづくりによって接点が生まれ、関係の質が高まります。子どもの時間的距離を縮めることが、私たち教師にはできるのです。

時間的距離② 不便益が対話を増やす

犬猿の仲といわれるコンビがいました。目を離すとすぐにトラブルが起きます。きっとどの学校にもいることでしょう。

何をやってもトラブルを起こすので、「うまく距離を取りながらやっていくしかない、席や班編成を別にして対応しよう」と思った矢先に、興味深いことが起こりました。

1年生との学習会に向けて段ボール制作に取り組んでいたときのことです。段ボールカッターが一つしかなく、それが火種となり争いが起こるだろうと思っていたら何とまさかの貸し借りを始めたのです。結局、「おまえのほうが長く使っている」と言い始めて後半はいつも通りの喧嘩になってしまったのですが、それでも貸し借りを始めるなどとは夢にも思わず、大変感動したことを今でも覚えています。

それから、彼らが活動するときは必ず「不便」な状況になるようにしてみました。例えば、授業中にタブレットを使うときにペアで一つにしてみました。1人1台端末ではなく、2人で1台端末です。何とも不便なはずなのですが、ああだこうだ言いながら楽しくやるではないですか。その後、犬猿の仲だったことが嘘のように彼らは仲良くなり、お笑いコンビを結成して幾度となく教室を笑いの渦に巻き込んでいきました。

これを「不便益」といいます。不便だからこそそのメリットがあるという考え方で、組織マネジメントでも近年注目されている手法です。例えば、キャンプがそうです。テントを建て、火を起こし、水を汲みに行く必要があるキャンプでは、不便だからこそ他者と協働する必要性があります。

教室でも、不便にすることで子どもたちは「対話」を始めます。一日6時間を教室で過ごす中で、便利か、不便かによって対話量は驚くほど違うのです。

私はワークシートを使ったことがありません。授業も、学級活動も、掲示物も全てワークシートの代わりに「白紙」を配っていました。白紙を配るよさは不便だからです。つくり手には、どのようにデザインしようか、どうしたら伝わりやすいだろうかという創意工夫が求められます。そのためには対話が避けて通れません。子どもたちは、「どうする?」と困り、はじめはうまくいきません。しかし、不便を1つ乗り越えるごとに対話、アイデアの質は高まり、ワークシートの質を簡単に超えるようになります。その秘密は多様性です。個人や班の成果に差がつきやすいので、できあがったものがそれぞれ違うのです。多様性は模倣を生み、模倣は個人の能力を高めます。

心理的距離①
音楽が意外な一面を可視化

3つの距離の最後は、心理的距離です。文字通り、心の距離のことです。

子どもの心理的距離を縮めるために、「音楽」が効果的です。私は教室にBluetoothスピーカーを持ち込んで、休み時間になると曲を流していました。目的は、「子どもの意外な一面を知ること」「子ども同士が互いの意外な一面を知り合うこと」でした。

音楽は「非言語コミュニケーションの一つ」です。例えば、私の妻はとあるアイドルグループが好きなのですが、それが流れるとノッて歌い出します。しっかり者で真面目に見られやすい妻ですが、明るくてノリがいい曲が好きなのだなあと「意外な一面」を知ることで、より好きになるわけです。

休み時間に音楽を流すと、子どもたちは実に意外で愉快な反応を示します。学級一の秀才が最新ヒットチャートを熱唱しながら踊り始めたり、物静かで大人しいはずの彼女が「洋楽」を口ずさみ始めたり、真面目な子どもがこぶしのきいた演歌を歌えたり、本当に思い出すだけでも笑えてきます。

音楽のいいところは、「言葉にすると恥ずかしいことも表現できてしまうこと」にあります。絶対に踊りそうにない男子が踊ったり、真面目そうな女子がオタクだったり、言葉では言えないこと、言う場面がないことを、音楽によって表現できてしまうのです。

「教師としてどれだけその子を理解しているか」
「子どもがお互いをどれだけ理解しているか」

この問いは、常に念頭に置いておきたい問いです。夫婦でさえ、私たちは相手のことをあまり知りません。だからこそ、あの手この手で、移りゆく相手を知ろうとする姿勢が求められるのです。

音楽によって引き出される子どもの意外な一面は、ポジティブで明るいものばかりです。「ギャップ萌え」という言葉があるように、私たちは知っていると思い込んでいたことを崩されたとき――相手に興味が湧くものです。

さらに、好きな歌手が一緒だったり、ダンスが好きという共通項を見つけたりすると、子どもの心理的距離は一気に縮まります。「なーんだ、怖い人じゃないんだ、自分と同じところあるんだ」と安心して、学級の中で自分が出しやすくなるのです。

もし、聴覚過敏など、音楽が障壁となってしまうような子どもがいたら柔軟に対応すればよいのです。全てを気にしていたら何もできませんから、まずはやってみてから考えるという姿勢を大切にしたいものです。

「勉強や本を読む子の邪魔にならないか？」と聞かれることもありましたが、私の受け持った子どもたちからそういう声は出ませんでした。音楽を抜きにしても賑やかでしたから、慣れているのもあります。クラシック等の心地よい曲が流れることで、逆に勉強や読書が進んだという子もいました。

校庭や体育館に遊びに行く子も多いですし、図書室に行く子、教室でダンスやタイピングをする子もいました。「これはだめ、あれはいい」ではなくて、それぞれがそれぞれの休み時間を過ごす中で、意外な一面を好意的に知っていくことが何より重要なのではないでしょうか。

心理的距離②　チームでミッション・クリア

学級活動や学習においてチーム制を取り入れることも、心理的距離を近づけるために効果的です。「一緒に仕事をする」ことで、心の距離はぐっと縮まるからです。
私の学級では、次のような活動をチームで行ってきました。

1．日直

日直は2人制チームで回します。2人だと対話が生まれるからです。朝、職員室に来て、担任から聞いた時間割や連絡事項をホワイトボードに書きます。他の先生に挨拶をしたり、ホワイトボードの書き方を工夫したり、日直の仕事もやり方次第では小学生にとって大きな挑戦となります。

日直の仕事は、教室をＨＡＰＰＹにすることだと目的を定め、方法にはある程度の裁量を認めます。努力や変容、工夫を「みる」ということを積み重ねると、子どもは方法を生み出すようになります。例えば、音楽係と連携し、朝の会の前にＣＤをセットして、再生ボタンを押すだけで朝の音楽が流れるように「しくみ」を自分たちでつくります。適切なタイミングで、「ありがとう」「よく考えたね」と評価します。「自分で考えて、動くと評価されるのか（じゃあ、やってみよう）」となるわけです。

2年生の担任をしていたある朝、教室に向かうと、子どもたちが教室の前で並んで待っているではないですか。その日は、図書室の割り当て日。「先生が来たぞお！　出発！」と、私の姿を確認した瞬間、子どもたちが動き出したのです。後で話を聞くと、少しでも本を読む時間をとるために日直の2人で話し合い、学級のみんなに呼びかけたそうです。もしも日直が1人だったら、この姿はなかったかもしれません。

別の日には、次のようなこともありました。コロナ禍でオンライン授業を受ける友達がいると分かると、日直がオンラインからでも授業に参加できる方法を考え、黒板を映すタブレットとペアやグループで話すためのタブレットを用意し、「家にいても学校にいるみたいに楽しい！」と言わしめたのです。普段から対話を積み重ねているチームだからこそ、状況に合わせて柔軟に創意工夫ができるのです。

教師は目的を定義し、努力や変容、工夫を評価します。方法は指示しません。あとは子どもたちが全て考え出し、チームで考え、対話し、新しい方法を生み出していきます。この繰り返しによって、子どもはお互いのよいところを発見していきます。

2．係活動

係一覧は基本的に教師が決めます。活動メンバーも希望はとりますが、最終的には教師が決めます。そのためには、この学級にはどんな係が必要なのか、誰になぜそれを任せるのか、誰と誰を組み合わせたいのか、それはどんな意図かを教師は持っておく必要があります。監督ポジションのことを民間企業や海外ではマネージャーと呼びますが、学級を俯瞰し、子どもを適材適所に配置する人事権（マネジメント）を発動できるのは教師であり、子どものＨＡＰＰＹを約束できるのも教師なのです。

学級によっては、やりたい係やメンバーは子どもに決めさせるにもかかわらず、その内容や方法は教師が決めているところがあります。しかし、その方法では子どもの対話や裁量が少なくなり、チーム制にする意味が薄くなってしまいます。あなたの学級には今どのような係があるといいのか、誰にその係を任せるのか、誰と誰を組み合わせるかを決められるのは、教師しかいないのです。

当番と係活動を分けて行う事例も流行りましたが、手段が目的になってしまっては本末転倒です。工程を２つ増やすことは教師と子どものオペレーション（工程数）が増えるという点で大変ですし、個性は授業において十分に発揮することができます。大切なことは、いかにチームで創意工夫と対話を積み重ね、具現化していくかです。教育の本質は子どものＨＡＰＰＹを約束することであることを、常に忘れないようにしましょう。

心理的距離③ 学級会は前向きなことしか話し合わない

学級会は基本、子どもに任せていましたが、テーマはある程度教師側で決めていました。ポイントは、「前向きでわくわくすることを話し合うこと」です。私の学級の議題は、年によって名前に違いはあれ、以下のように進みました。

【高学年を担任時】

５月　運動会おつかれパーティー
６月　下学年とわくわく交流パーティー
７月　１学期おつかれパーティー
９月　お笑いパーティー

10月　ハロウィンパーティー
12月　2学期おつかれパーティー
2月　節分パーティー
3月　お楽しみ会ファイナル

ちなみに、初任時代はこれとは真逆で、次のような議題で話し合いを持っていました。

●この学級をもっとよくするためにはどうしたらよいか
●けじめをつけるためにやること
●学級目標を振り返ろう
●この学級は今、何点か

負を正にするための、問題解決型の学級会です。しかし、暗いことを話すたびに学級は暗くなりました。

心理学で「ゴーレム効果」と呼ばれるものがあります。これは、他人に対して悪い印象を持って接することによって、その人が実際に悪い成果のほうへ向かう現象です。学級に対して「悪い印象」を持つことで、「この学級には問題があるのだ」と認識し、実際にどんどん悪い方向へと進んでしまうのです。

また、人は問題があるかのように質問をされると「思ってもいない問題をつくり出す」という習性があるそうです。例えば、「日本の総理のどこに問題があると思いますか？」と質問すると、普段は総理の悪いところなんてほとんど考えない人でも悪いところを探し始めるというものです。

学級会でネガティブなことを話し合うというのは、ゴーレム効果によって悪印象が現実になってしまうという影響や、問題だと思っていないのに聞かれたから問題と認識してしまうという影響が考えられます。

前向きな議題で話し合うと、前向きな意見が多く出ます。「前回のパーティーはこういう反省があったから、今度はこういうふうにしよう！」「それ、いいね！」と、批判的思考を働かせながら前向きな価値をつくっていくのです。

前向きな議題で話し合い、わくわくしながら準備に取り組み、みんなで楽しむ。どうしたらこのメンバーで楽しいことができるか、笑い合えるか、わくわくする時間をつくって共有できるか、それで十分です。

学習指導要領解説によると、特別活動とは『「集団や社会の形成者としての見方・考え方」を働かせながら「様々な集団活動に自主的、実践的に取り組み、互いのよさや可能性を発揮しながら集団や自己の生活上の課題を解決する」ことを通して、資質・能力を育むことを目指す教育活動』とあります。

前向きでわくわくする学級活動を繰り返すことで、子どもたちはこの目的を達成していけるのです。

心理的距離④ ほめ言葉の下敷き

学期末には、「ほめ言葉の下敷き」を制作します。Googleドキュメントに学級人数分のマスをつくり、子どもたちが自分以外の友達に対して「ほめ言葉」を書いていきます。

38人学級だと、他の37人からのほめ言葉が届くわけです。こんなにうれしいことはありません。完成したら枠のデザインを好きなようにかいてもらい、ラミネートをして完成です。

友達からこんなふうにみてもらえていたのかと、自分が思っている以上に周りが認めてくれていることが分かり、自信になるそうです。

対人関係のリスクの本質は「自分がどう思われているか」が重要になります。周りに好意的に認められ、学級の一員として受け入れられていることが分かると、子どもは積極的にチャレンジできるようになるのです。

菊池省三先生が提唱されている「ほめ言葉のシャワー」ではなく、下敷きにしているのは、言葉を文字として残すためです。下敷きにすることで手元に残り、友達の言葉に勇気をもらうことができます。

規則ではなく物語で動かす

人は物語で動く

名著『人を動かす』を書いたデール・カーネギーは、人を動かす秘訣は「そうしたくなるように働きかける」ことだと言います。相手が求めているものを与えることで、人は動くというのです。では、私たちが求めていることとは何でしょうか？

アメリカの思想家ジョン・デューイは「人間の強い衝動は、重要人物になりたいという欲求だ」と言います。学級の子ども一人ひとりも「重要人物として扱われたい」という欲求を持っているのだと考えると、「あなたは重要である」ということを教室で示す必要があります。

イソップ寓話に「3人のレンガ職人」というお話があります。せっせとレンガを積む3人の職人に、「どうしてレンガを積んでいるのか」を問うと、返ってくる答えが三者三様であったというお話です。

1人目は、「そんなこと見ればわかるだろう。親方の命令で積んでいるんだよ」と答えました。

2人目は、「レンガを積んで壁を作っているんだ。この仕事は大変だけど、給料が良いからやっているのさ」と。

3人目は、「レンガを積んで、後世に残る大聖堂を造っているんだ。こんな仕事に就けてとても光栄だよ」と。

やっていることは同じでも、動機は全く違います。1人目は規則で動き、やらされ感が伝わります。2人目は報酬で動き、よくも悪くも報酬以上の働きは期待できません。3人目は物語で動き、目の前の仕事が後世にまで影響を与えることにわくわくしています。

「どうして教師をやっているのか?」と聞かれたら、あなたは何と答えるでしょうか。

人は物語で動きます。レンガ積みの職員のように、自分のやっていることは重要で意味のあること（物語の一部）だと感じられるとき、進んで動こうと思えるのです。子どもも同様です。言われなくても進んで学ぶ学級とそうではない学級の差は「物語の有無」でもあるのです。

近年、ＩＴ技術は加速度的に進化し、ＡＩが身近なものとなりました。数年前には想像ができなかった世界、仕事がＡＩに取って代わられる現象は既に多くの業界、業種で顕在化しています。

ＡＩは命令通りに動くことが得意です。指示、規則通りに動くことにおいて、人はＡＩに勝てません。私も今、チャットＧＰＴを仕事で使いますが、指示・規則にＡＩが従わなかったことはありません。これからの未来、人間を規則で動かす必要性はあるでしょうか。欧米に追いつけ、追い越せの時代に、言われたことを正確にこなす人材の大量育成機関として（当時は）理にかなっていた学校も、時代は変わり、言われたことを正確にこなす仕事はＡＩが取って代わるようになりました。

規則だから、決まっているから、そうして宿題や学習をやらせるのは時代的に見てもナンセンスです。とはいえ、私も現場を知っているからこそ、外野が思うほどうまくいかないのが、子ども相手の教育であることは重々承知しています。

子どもにやらせることが悪いとは思いません。授業、宿題、掃除、立候補、あらゆることはチャレンジしたほうがよいでしょう。重要な心得は、私たちは教室に物語をつくることができるということです。学習や掃除という行為に、その子がやってみようと思える物語を教師はつくることができるのです。それが、子ども本来の力を引き出し、自分や未来にわくわくする3人目のレンガ職人を育てることにつながります。

学級から規則を撤廃する

子どもを規則で管理しないという意味で、NETFLIXの経営論は最高の教材です。NETFLIXは多くの人が知っている映像プラットフォームですが、従来とは180度逆の経営で成功したことは多くの人が知らないところです。

従来の経営と何が違うのかというと、NETFLIXには「規則」がありません。No Rules、すなわちルールなし。まず、休暇規定がありません。休むタイミングも、日数も、社員がすべて自分で決めていいのです。

それから、旅費や経費に関する規則もありません。自分の判断で備品を買い、契約し、出張に出かけることができます。もちろん、上司の許可は要りません（周りの顔色をうかがいながら年次休暇簿をせっせと手書きする私たちと比べると、眩しすぎてジェラシーすら感じます）。

それでいて、世界的に最も成功している会社の1つでもあります。株価は上場してから何百倍もの価値を付け、世界190か国以上で事業を展開。2018年には働きたい会社世界第1位に選ばれ、社員幸福度も世界第2位です。世界中の人々を幸せにしながら社員も幸せであるという、まさに「理想郷」を体現している会社なのです。なぜ、そんなことができたのでしょうか。

NETFLIXが成功した神髄は、「書いてある通りに社員を動かす」から「物語を実現するために働く」社員を育てようとしたところにあります。

例えば、休暇規則がなくなったことで、自分が最高のパフォーマンスを発揮できる働き方を一人ひとりが考え始めます。その結果、家族との時間を大切にしながら毎日決まった時間（例えば、平日8時～17時というように）働く社員もいれば、3週間モーレツに働いた後、1週間休暇を取り、人里離れた奥地を旅する社員もいるような、多様な働き方が可能になったといいます。

旅費や経費の規則がない代わりに、世界に感動や新しい視点をもたらすエンターテイメントをつくるという「物語」を実現するために、最高のパフォーマンスを出すように求められます。これをNETFLIXでは、コントロール（規則）からコンテキスト（物語）による経営と呼びます。

学級経営もコントロールからコンテキストへ転換することができれば、先生も、子どもたちもHAPPYになるのではないでしょうか。規則によって教師に管理され、動かされている状況は子どもにとっては「つまらない」ですし、動かしている側もいちいち注意したり目を光らせたりしないといけない状況は「大変」です。

学級の決まりを示し、子どもに徹底させること。年度当初にルールを示すこと。先輩教員から教え聞かされ、全国の学級で行われている実践も、NETFLIXの成功法則に照らし合わせれば「子どもを規則通りに動かす」ためのものかもしれません。

先進企業の経営論が教室でできるのかと思われる方もいらっしゃるでしょう。実は、規則をなくし、物語で子どもを動かそうとすると間違いなく、はじめはうまくいきません。まず、教師が慣れていません。規則で管理することがマジョリティの学校では、特に文化や見習うべきロールモデルがありません。周りがやっていないので、できるイメージが湧かないのです（そういう学校に赴任したら「外」に学びの場を求めることをおすすめします）。

そして、子どもや保護者も慣れていません。前年度までは先生が全部やってくれていたのに、細かくルールが決まっていたのに、新しい先生は指示をしてくれないと言われるかもしれません。しかし、教師は子どもの姿で語るべきです。子どもの物語を語り、子どもの姿を「みえる化」することで必ず信頼を得ることができます。

また、校内で同調圧力を感じることもあると思います。「先生のクラスだけ困るんだよなあ」と言われたり、「規則を守っている子どもが損をする」と責められたり、自分の非力さに打ちのめされた経験は私もあります。対立してもいいことはありませんが、子どもの未来のために譲れないことは譲れません。だからこそ、管理職や同僚に丁寧に説明をしていきましょう。私の場合は、研修主任に頼み、校内研修で自分の教育実践を紹介する時間をもらったり、自主的に校内勉強会を開いたりして、志と実践をセットにして説明する時間をつくっていました。

人は合意や了承なく勝手に進められていること、自分が重要だと思っていることを否定されること、得体が知れず理解ができないことを恐怖に思う生き物です。勇気を出してあなたの想いを伝えていくことで、必ず校内に味方ができます。あなたとあなたのチームが学校を変えていく光景が、私にははっきりと見えます。

話し方、聞き方、学び方

話し方、聞き方、学び方を一律に揃える指導は必要ありません。これぞまさに、「コントロールで子どもを動かそうとする教育」そのものだからです。

私は都会で生まれ育ち、海外で働き、地方で子育てをしながら、会社員、教員、起業家、経営者と多くの職業を経験してきました。その中で、話し方、聞き方、学び方が同じである人は一人もいませんでした。

話し方はゆっくりでも、早口でも構いません。落ち着いて話しても、情熱的に明るく語ってもいいのです。学校でよく指導されているような、手はお膝／おへそを話す人の方向に向ける等のマニュアルは、その子の長所として伸ばすのであればよいですが、全員一律に型に当てはめる必要は微塵もありません。

話し方、聞き方、学び方は「その子の物語」の中で価値付けが行われるべきです。

例えば、ある子が授業中にすっと立って、

「さぁ！　みなさん、今から話すことは一度しか言いませんからね」

と話し始めたら、「すごいね、惹きつける天才かも」と価値付けます。その子がもし、それまでは直線的な話し方しかできなかったとしたら、「どうしてそんな話し方ができるようになったのか」にスポットライトを当て、物語を学級全体にみえる化したいところです。

「うんとね、あのね、うまく言えないかもしれないんだけど……」

と話し始めた子どもに対して、

「大丈夫だよ、うまく言えなくていいし、うまく言おうとしなくても私たちちゃんと聞くから」

と反応する子どもがいたとしたら、「あなたのその優しさ、素敵だと思う」と声をかけます。そして、少しでも言えた子どもに、「がんばったね」と声をかけます。さらに、２人の姿は記憶（または記録）しておいて、後日、「実はさ、あのときにこういうことがあったことで、２人の縁が始まったんだよね」というように、物語を豊かにしたいところです。

多くの教室では、「こういう聞き方をすると花丸」「こういう話し方が望ましい」と、初めに型を提示し、それができた子をA、まあまあできた子をB、できていない子をCとして指導します。しかし、「それってあなたの正解ですよね？」と突っ込まれないのが不思議なくらい、教師本位、大人本位、学校本位ではないでしょうか。

社会ではさまざまな資質・能力が求められ、仕事や環境によってそれは本当に違います。「手はお膝」なんかして話を最後まで聞いていたら置いていかれる世界があります。共感しているだけだと、なんで本音を率直に言ってくれなかったのだと評価されないこともあります。教師は約80万人、人口に照らすと1％にもなりません。１００人いたら99人は学校以外の仕事をするんだという意識で、私たちはその子らしさを価値付けていくことが求められています。

とはいえ、時代の流れがゆるやかだったひと昔前はそれでもよかったのかもしれません。200年後も昨日とほぼ変わらない生活が待っているのなら、何かを変える必要はありません。しかし、今は、どれだけ頭の賢い人でも10年後ですら分からない時代です。

先の見えない時代だからこそ、どんな環境になっても適応し、変化し続ける資質・能力を身に付ける必要があります。

話し方・聞き方・学び方をマニュアル通りにやらされてきた人材と、自分のスタイルをつくり、磨き上げてきた人材には大きな差があります。その差は人生のHAPPYに直結するのです。

先生の許可はいらない

・授業中に手が挙がらない。
・自分から進んで学ぼうとしない。

・自ら手伝い、働こうという意欲がない。
・先生に言われたこと以上のことができない。
・友達と協力したり、グループで創意工夫したりしようとしない。

教師をしていたら、1度や2度ならず直面している（あるいは直面したことのある）課題ではないでしょうか。主体的、協働的と叫ばれるこの時代に、実際に子どもという多種多様な天才たちを相手にする私たちは、その字面を現実にする難しさを誰より知っています。

主体的とはOECDが提唱する「Agency」（エージェンシー）を訳したもので、つまり「自分ごと」という意味です。文部科学省が平成29年告示の学習指導要領総則に示すように、「学ぶことに興味や関心を持ち、自己のキャリア形成の方向性と関連付けながら、見通しをもって粘り強く取り組み、自己の学習活動を振り返って次につなげる」という、主体的に学ぶ子どもを育てる重要性を頭では理解しながらも、残念ながら、そういう子どもの姿を引き出すことは想像以上に難しいことなのです。

同じような課題を抱えながら、社員を主体的にすることで急成長してきた組織がありま す。それが、星野リゾート。そうです、全国に旅館を展開するあの星野リゾートです。（ちなみに、筆者も「星野」という姓で「一族なのか？」と時々いじっていただくことがあるのですが、残念ながら面識はありません。しかし、星野佳路社長のマネジメント能力を心からリスペクトしています）

1991年、現在の星野佳路社長が現職に就いたとき、星野リゾートは軽井沢で古い温泉旅館を一棟営む小さな会社でした。売れない原因は明らかで、社員に元気がなく、覇気がありません。上の人間からの指示を待ち、自分から動こうという気概も感じられなかったそうです。学習指導要領的にいえば、主体性がなかったといえるでしょう。PISA型学力的にいえば、Agencyが足りていなかったとなるでしょうか。

そんな星野リゾートが大躍進できた理由は、社員が主体的になったからです。正確にいえば、社員が主体的に働けるようにマネジメントに成功したからです。ここに、教育のヒントが隠されています。

星野リゾートが変えたことは「評価の仕方」です。社員に経営者マインドをもってもらうために、上司の承認をなくしました。３００万円までの決裁ならば、社員が自由に決めていいことにしたのです。

星野リゾートではかつて、何をするにせよ上司の決裁が必要でした。当たり前ですよね。学校でも何かを購入する、企画をするとなったら管理職のハンコが必要です。星野リゾートも同じように何かを決める場面では上司の意思決定が必要でした。

親が相手を決めるお見合い結婚と、相手を自分で選ぶ恋愛結婚を想像したら分かりやすいでしょう。決める権利があるということは、あなた自身が未来を左右できるということです。あなたが信頼されているということです。

人生を自分で決められるとき、私たちは主体的になるのではないでしょうか。社員一人ひとりが決裁権を持ち、決める責任を自覚した星野リゾートのその後の大躍進は、私たちが知っている通りです。

先生の許可をなくし、教室の文房具や教材・教具を自由に使えるようにすると、必ず問題が起こります。無駄遣いをしたり、片付けがちゃんとできていなかったり。だから、先生の許可制にしてしまったほうが楽です。しかし、問題が起こったときは対話のチャンスです。この使い方がどうして無駄遣いだといえるのか、どうしたらよかったのか。使う前より綺麗にする意味は何か、子どもと教師が成長するチャンスなのです。

自分で決められる、選べるという事実は、あなたに仕事を任せるという「評価」です。失敗しても大丈夫だからやってごらん、あなたのアイデアを形にする環境は用意するから、やってみたいことをやりたいだけやってごらんという「評価」をしてもらえる組織で、私たちは、そして子どもたちも、やってみようと自ら動こうと思うのではないでしょうか。


決定権を持つと、子どもは主体的に動くようになります。学習に意欲的になり、指示がなくても動くようになり、あらゆる学級活動が盛り上がります。なぜなら、判断基準が「先生やルール」から「学級のＨＡＰＰＹ」に移るからです。

私たちが管理職や主任の顔色をうかがってやりたいこと、やってみたいことを躊躇するように、子どもたちは先生の顔色、学校の文化・ルールを敏感にうかがっています。決裁権が自分以外の誰かにある場合、自分のありたい姿・なりたい姿よりも、自分より立場が上の者がどう思うか、ルールや周りから逸脱しないかを優先してしまうのです。

しかし、星野リゾートの言葉を借りれば、子どもが決定権を持つことによって、子どもは先生や周りの顔色ではなく、学級のＨＡＰＰＹのために力を使うようになります。それは、本来彼らが望んでいることでもあります。だから、水を得た魚のように子どもは動き始め、学級の雰囲気は改善します。

もちろん、はじめはうまくいきません。決定権を自分勝手に行使し、自分だけよければよいとする子どもも一定数いるからです。教室は社会の縮図です。そのたびに、私たちは対話をする必要があります。なぜそれがだめなのか、どうしたらよかったのか、問いと答えを積み重ねるのです。

ブランディングの法則：どんな学級をつくりたいのかを示す

学級ブランドをつくることは、子どもが自信を持って行動するようになるために効果を発揮します。ブランドの確立によって、帰属意識が芽生えるからです。

ブランドやブランディングは耳慣れない言葉かもしれませんが、ひと言で表すと「認知イメージ」のことです。スターバックスは「おしゃれ、仕事がはかどる」、マクドナルドは「早くて安くて子どもに優しい」などといったイメージが世間で認知されているように、商品名や企業名を聞くだけで頭にイメージが湧くとき、ブランド（認知イメージ）が確立されていると言えます（いいブランドだけではなく、「ブラック」「汚い」などのイメージが認知されてしまう場合もあります）。

学校にもブランドを確立している先生がいます。〇〇先生、〇〇先生の学級と聞いて頭にイメージが浮かぶ先生です。元気で明るい、上品で知的、エネルギッシュで熱血、そういう先生や学級はあなたの学校にもきっとあると思います。

それでは、ブランドイメージのない学級と、ブランドのある学級の違いはどこにあるのでしょうか。

ブランドが確立している組織には、必ず「共通言語」があります。

例えば、スターバックスの企業ミッションは、

「人々の心を豊かで活力あるものにするために――

ひとりのお客様、一杯のコーヒー、そしてひとつのコミュニティから」

この共通言語を店員さん一人ひとりが自分事として誇りを持って働いているからこそ、スターバックスは今日まで満足感の高いカフェとして続いているのです。

マクドナルドは昔、安くてジャンクなイメージがあり、不健康なイメージもぬぐえませんでしたが、

「おいしさとFeel-Goodなモーメントを、いつでもどこでもすべての人に。

Making delicious feel-good moments easy for everyone」

というブランドを確立し、ポテトとサラダを選べるようにするなど「feel-good for everyone」を追求した結果、多くのユーザーから支持を得ています。

大切なポイントは、外から見ると（ぼんやりとした）イメージにもかかわらず、内部では言語として明確に定義されているということです。うまくいっている学級経営もそうで、外から見ると楽しそう、おもしろそうというイメージベースでしか分かりませんが、実は教師の願いや子どもの願いがしっかり言語化され、学級の土台に据えられているのです。

ブランドは世間における認知を獲得し、企業イメージの向上に役立つと同時に、所属する人の自信や誇りを高めます。新潟大学附属新潟小学校の中野裕己先生は、目指すべき授業として、次のようにお話されています。

「子どもが前のめりに、子どもらしく学ぶ授業」

学級経営や授業において、言語化されたそのブランドを先生自身が守り、前進させているからこそ子どもたちは自分の学級を好きになり、誇りや自信を持って学び、行動できるようになるのです。

本書でもすでに度々登場するように、私は、「ＨＡＰＰＹ」という言葉をよく使っていました。

「人はＨＡＰＰＹになるために生まれ、人をＨＡＰＰＹにするために生きている」

という私の人生観から来ているものですが、教師自身が大切にしている価値観は子どもに伝わり、自分や相手、社会にとってＨＡＰＰＹであるかどうかが行動基準、判断基準になっていきます。

学級のブランドが確立されると、子どもたちは自分、友達、学校を大切にするようになります。コップからあふれ出る水のように、自己肯定で満たされた人間は他者のために力を使うようになるのです。

学級目標はあったほうがいいか、なくてもよいか、そんな手段の議論は必要ありません。血の通った言葉が並ぶ学級目標であれば、それがどんなに簡潔で不格好であったとしても子どもの心に響きます。一方で、どんなに綺麗で着飾った言葉でも、教師の願いや子どもの心のこもったものでなければ価値を成しません。

ブランドをつくるには、対話をやめないことです。「あなたはどんな学級をつくり、子どもにどうなってほしいのか？」と自分に問いかけることです。そこで出てきた言葉一つ一つを定義し、「優しいとは、〇〇である」というように言葉を削り、磨きます。これ以上磨けないところまできたら、それがあなたの人生観です。私の場合は「ＨＡＰＰＹ」に辿り着きましたら、たいていの場合シンプルな言葉に帰結します。シンプルでありながら、誰でもいつで[illegible]ときでも使える言葉。それが、あなたのブランドです。

イノベーター理論：全員を巻き込まない

これ以上ないくらいの完璧な新サービスが世の中に登場したとき、どのくらいの人が買うと思いますか？

正解は、100人に2〜3人です。どんなにいいサービスでも、素敵な商品だったとしても、世の中の2・5％しか購入しないのです。

今、誰もが当たり前にもっているスマートフォンでさえ、iPhoneが米国で発売された2007年、購入したのはわずか0・69％でした。100人に1人もいません。発売当初は多くの人が見向きもしなかったのです。

スマートフォンだけではありません。人々のニーズを捉え、問題を解決するどんなにいいサービスでも、世の中に普及するまでは何年もかかります。

マーケティングでよく使われるイノベーター理論というものがあります。イノベーター理論とは、消費者を価値観や行動によって5つのタイプに分類し、新しい商品やサービスが市場に普及していく流れを分析した理論です。アメリカの社会学者エベレット・ロジャースが提唱しました。

この理論によると、新しいものを目の前にしたとき、私たちは次の5つに分類されます。

■新しいものに飛びついて購入する「イノベーター」と呼ばれる層は2・5%
■新しいものを積極的に吟味して購入する「アーリーアダプター」は13・5%
■アーリーアダプターの評価を見て購入する「アーリーマジョリティ」は34%
■みんなが使っているから購入する「レイトマジョリティー」は34%
■どれだけ周りが使っていても購入しない「ラガード」は16%

ポイントは、新しいものや環境に積極的に飛び込み、利用する人は16%（イノベーターとアーリーアダプターを合わせた割合）しかいないということです。20人学級では約3人、30人学級で考えると約5人の割合です。

つまり、新しい先生がきて、新しいしくみや教育観で勝負しようとしたときに、学級のほんの数人程度が適応し、他の大多数は慎重に判断しているという状況が、人間の本質からいって妥当なのです。

私たち日本人はとかく全員野球、誰ひとり欠けることなく、みんな仲良くの精神でやってしまいがちですが、「子ども一人ひとりに人生があり、タイミングがある」ということを意識するだけで、教室の見え方が変わります。

じっと目を見て話を聞く子ども、積極的に活動に参加する子ども、さっと動ける子どもがどの学級にもいますが、実は、その割合は決まっています。アーリーマジョリティー（34％）は特に、自分を出してもいいのか、この学級は気兼ねなく行動していい場所なのかを注意深く見ています。だからこそ、数人の子どもが見せる豊かで素敵な姿を肯定的に捉え、価値付けることで、学級全体に広げていくことができます。

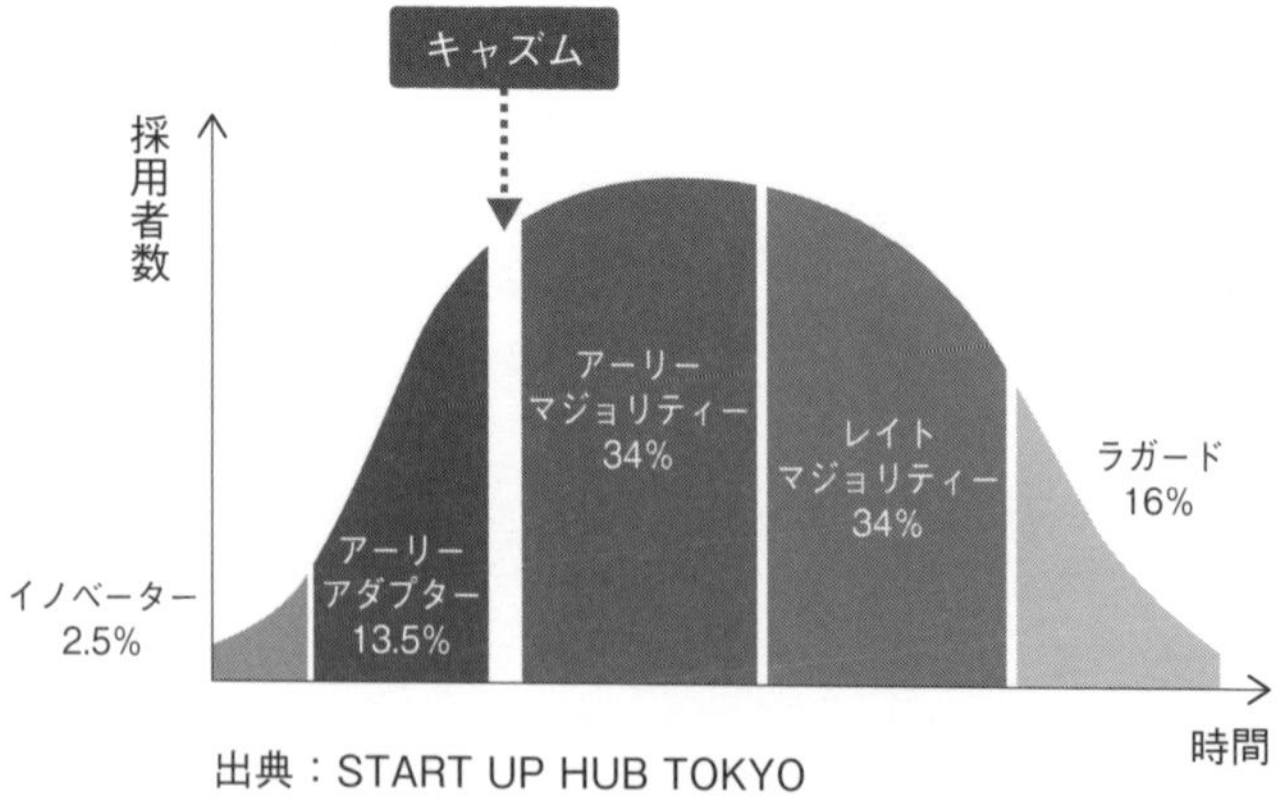

出典：START UP HUB TOKYO

また、ラガード（遅滞者、伝統主義者）と呼ばれる16％の人材は、絶対にそのサービスを受けないと言われています。令和の時代にスマートフォンを持たない人も一定数いるように、どんなにあなたが頑張っても合わせない子どもも必ずいるということです。やってくれない子ども、問題の多い子どもも数人はいる、いないと自然界の理論としておかしいのだということを念頭に置いて、先生は自分を責めないことも大切です。

これまで、学校教育では発達の段階は意識されていても、先生の教育観や学級文化、豊かな人間関係の普及には明確な割合と適切な速度があることは、ほとんど議題に上りませんでした。

新しいことが広がっていくのは数学的に割合が決まっています。新しい学校、新しい学年、新しい子どもたちとの出会いにおいて、あなたの教育がはじめから全員に受け入れられることはないかもしれません。しかし、全ての新しい物語は2・5％から始まります。あなたを受け入れ、一緒に楽しもうとする数人の子どもに向き合うことで必ず、教室はHAPPYになっていくのです。

第4章

学校を照らす心理的安全性

対話のない職員室

教員研修プラットフォーム「授業てらす」を通して全国数百人の先生と交流していると、いかに職員室に「対話」がないかを知り、悲しい気持ちになります。話しづらい、息がしづらい、余裕がない、疲れている、そもそもみんな職員室にいない。そのような声まで聞こえてきます。もちろん雰囲気のいい職員室もあります。しかし、アットホームという意味ではなく、「相手のために本音を言える」という心理的安全性の定義からみて、本音を言えない、授業について語り合えない職員室は少なくありません。

これだけ学校教育がネガティブになってしまった要因として、ブラックな働き方や多様化したニーズがあるのは間違いありません。しかし、これらの問題は、「対話不足」が引き金となり起きているように私には見えます。相手のために本音を言えるのならば、日々改善が行われ、あらゆる問題は少しずつ（しかし確実に）改善されていくからです。

なぜ、職員室に対話がないのでしょうか。本書を読み進めてきた方ならお分かりかと思いますが、職員室に対話がないのは、心理的安全性が低いことに原因があります。

■賑やかに話していると疎まれる。
■自分の学級の幸せを表現すると妬まれる。
■力のある教員に嫌われたら面倒だから目立たないように過ごす。

これは冗談でも何でもなく、多くの先生から聞いたリアルな声です。
英国の教育家ドロシー・ロー・ノルトが「子は親の鏡」と言ったように、教育の大原則として、子どもは身近な大人の生き方に大きな影響を受けます。学校でいうならば、「教室は職員室の鏡」です。職員室に対話があれば、教室にも対話が生まれます。職員室の心理的安全性が高まれば、教室の心理的安全性も高まるのです。

不登校になるのは子どもだけではありません。職員室の心理的安全性が低ければ、教師も仕事に行きたいと思えなくなります。職員会議で「こちらのほうがいいと思うのに……」と思いながらも意見を言えないことがあります。パソコンの音だけが異様に鳴り響く職員室で「お先に失礼します」が言いにくい、と思うこともありませんか。異なることをすれば咎められ嫌われるような対人リスクの大きい職場では、私たちが個性や能力を発揮することは難しいのです。

　ある若手の先生は、「管理職に何を言ってもだめと言われるから、やりたい教育をできず、マニュアルに従う自分をロボットのように感じることもある」と言っていました。やる気があればあるほど楽しくなるはずの仕事が、やる気があればあるほど損をしてしまうように設計されている今の教育現場は、残念ながら、人気がなくなってしまったのも当然なのかもしれません。


　今、教育現場に足りないことは「心理的安全性」です。「相手のために本音を言える」心理的安全性は職場に「対話」を生み、本音の対話によって私たちは主体的に物事を変えていくことができるからです。

　この国の教育がいい方向に変わっていけるのかどうかは、質の高い日本の先生（グアテマラの教育を見てきた私からすると日本の教員の質は驚くほど高いと思います）が本来の能力を発揮できるかどうかにかかっています。

　かつて明治維新がそうであったように、国や自治体といった「お上」が動かなくても学校現場が「自分たちの手」で「学校を変えることができた」という経験を積み重ねることで、教育は変わっていけるからです。

現場の声を吸い上げ、活かせ

現場で残念に思うことは、私たち教師の声を吸い上げるしくみがないことです。行事の反省はありますが、学校経営や教育委員会、文科省に声を届けるしくみがありません。私が運営するオンラインサロン「学校ＣＨＬＯＯＳ」には現場の先生とつながりたいという異業種が数多く在籍しますが、多くの人がここに必要感を持って集います。つまり、それだけ現場の先生、そして異業種の人たちが「学校現場を変えたい」という思いを持って、集ってきたという事実があるのです。反対の視点から見ると、それだけ先生の声が学校の外に「みえる化」されていないということが言えます。

会社の代表になってより一層分かったことですが、働く人やユーザーの声なしには経営することはできません。当たり前ですが、働く人（使う人）のために経営はあるからです。声を読み、声にならない声にまで想いを馳せることで経営が成り立つのだと、経営者になって実感しているところです。

「授業てらす」では、定期的にアンケートを行っています。満足度とその理由、使い方等を聞く簡単なアンケートです。Google フォームで行うので答える先生も、集計する側も手間は要りません。

アンケートの声は実に多くのことに気付かせてくれます。先生をしながら子育てをしているママは、夜、小さいお子さんを寝かしつけながらイヤホンでプロ授業を視聴していること。残業で疲れて帰る車内で、「授業てらす」のセミナーアーカイブを開くと、前向きな先生の実践や行動に勇気をもらうこと。アンケートで声を聞き、人生にまで想いを馳せたとき、経営者として次のアイデアが湧いてくるのです。

教育委員会、文科省は、現場の声が届くしくみをつくらなければいけません。毎月アンケートをすることくらい、今の時代なら全国規模でも簡単にできます。全国の先生の声を受け止め、経営として現場に還元していたら、不満の声はもっと減っているはずです。「Twitter の「＃教師のバトン」が炎上したことは先生の本音を届ける場所がないことが如実に表れています。本音の捌け口がSNSしかないというのは、悲しい現実ではないでしょうか。

私が学校長や教育長なら、Googleフォームのアンケートを毎月実施します。このときのポイントは、毎月アンケートの内容を変えるということです。教科指導、生徒指導、業務改善等、月ごとに重点を決めて声を聞きます。やらされているのではなく、自分が聞きたいから聞いているのだという熱が伝わることが重要です。

リーダーが「声」に真摯に向き合うようになると先生も本音を書くようになるでしょう。先生が本音を言えるということは、心理的安全性の高まりを示す1つの目安になります。その声に想いを馳せ、経営に活かすのです。「授業がうまくできない」という声があったとしたら、「なぜ、そのような悩みが生まれてしまうのか?」を考え、現場が自分たちの手で解決できるように「しくみ」を創ることが、教育界の全てのリーダーに求められています。

なお、アンケートの声とそれに対する施策が1つの学校だけに閉じない工夫も必要です。つまり、「みえる化」するのです。各校から集まった先生の声、学校ごとの施策を市内、県内、国内で共有することは簡単です。Canvaなどのクラウドツールを活用し、各校が自校のアンケート結果と取り組み状況をまとめ、教育委員会や国がそれを共有すればよいのです。匿名で、学校名を出す必要もないかもしれません。重要なのは、「よりよい学校経営」を現場にいる先生一人ひとりがイメージできるということです。

優れた教育実践、学校経営を「みえる化」せよ

ドイツのヨハネス・グーテンベルクが「近代的活版印刷技術」を生み出し、私たちは書物を読むことができるようになりました。読書のよいところは「過去の知恵を現代でも読むことができる」ことにあります。人間の知恵が時代を超えるのです。

同じように、クラウド技術は革命です。私たちが持っている知恵を「今、この瞬間に共有することができる」ようになったからです。

「授業てらす」が、教師の指導技術を映像で「見える化」することで全国の教室をHAPPYにしているように、クラウドを使って学校経営を「みえる化」することで、教育改革は一気に進むはずです。

例えば、とある附属小学校では、職員室にある（行事や年休、予定などを記載する）手書きのホワイトボードがありません。誰がいつ授業を担当しているか、年次休暇や校務資

料をクラウド管理しているからです。手書きではなくデジタルモニターが職員室にあり、最新情報がひと目で分かるようになっています。このしくみが優れているのは、職員室にいなくても教員はスマートフォンで確認できることにあります。職員室にいなくても、極論「学校にいなくとも」職員室の最新情報をゲットできるのです。

また、この学校では、職員はノートＰＣを外部モニターにつなげて仕事をしているそうです。私も常にモニターを使い仕事をしていますが、モニターで２画面同時表示をすることで、左の画面でブラウザ、右の画面でワードやエクセルなどのファイルを開き、画面を切り替えることなく作業をすることができ、作業効率が格段に上がります。一般的に作業効率は40～50％向上するといわれ、モニターを導入すれば、２時間の作業が１時間程度で済むのです。

時間を生み出すツールは、世の中にあふれています。ＩＣＴを使うと、教員の仕事時間を大幅に削減できることは明らかです。この学校ではＩＣＴ活用によって大幅な残業時間減に成功し、多くの職員が定時で帰るようになったそうです。世界ワーストの長時間労働で「ブラック教員」ともいわれる教職ですが、誤解を恐れずに言うと時間はいくらでもつくることができるのです。

易きに流れず、対話をとめるな

学校改革を進めるうえでは、私たちは易きに流れやすい生き物であることを念頭に進むべきです。

例えば、労働時間を少なくしたほうがよいかと聞かれれば、少なくしたほうがいいに決まっています。給料を上げたほうがよいかと聞かれれば、上げたほうがいいに決まっています。しかし、ヒトラーが民衆の声から生まれたように、トランプが米国の分断を加速させたように、美辞麗句に盲信し、二元論で決めることの危険性を私たちは知っているはずです。

ドラえもんに登場する「アンキパン」（ひみつ道具の1つで、写した内容を丸暗記できるパン）のような対症療法では、その場をしのぐことはできても問題の本質的な解決にはなりません。私たち教育に関わる大人一人ひとりが、考える力、つながる力、状況を好転させていく力を身に付けていくことが、今後どのような時代になろうと学校教育をＨＡＰ

PYにするパワーになると思うのです。

そのために、私たちは対話をし続ける必要があります。対話は私たちに前向きな力、クリエイティブな発想、学ぶ意欲、異なる立場に敬意を持つ謙虚さをもたらすからです。ここでも、鍵を握るのは「経営」です。

これまで見てきたように、経営（リーダーシップとマネジメント）は「みせる」「みる」「みえる化する」という3原則で成り立ちます。まずは、学校単位、自治体単位で自分たちのやりたい教育を具現化します。

例えば、学校数の少ない地方では、学校数の少なさを利用して質の高い教育を推し進めることができます。日本トップレベルの教諭にオンラインで授業をしてもらったり、自治体全ての学校の教職員と合同研修会を行ったり、学校数が少ないからこそ、機敏にＩＣＴを活用することが可能です。

また、市の運営する公会堂などの施設を月1回貸し切り、図画工作や音楽、習字の先進的指導を受けることができます。地域人材を活用することで子どもは専門的な指導を受けることができ、他の学校の児童とも交流することができます。教員は年休を取ったり、学校で校務分掌を進めたりして、その時間を有効に活用します。さらに、朝の時間は保護者や地域人材を雇用し、見守りをお願いします。朝の時間に自己選択制の委員会活動やクラブ活動を設け、地域人材を活用することで、教員は出勤時間に縛られることがなくなります。朝10時に出勤が可能になることで、子育て世代にとって働きやすい職場が実現し、結果的に魅力は向上します。

子どものためという視点と同じくらい大切にしなければいけないことが、先生を支援することです。

先生のありたい姿・なりたい姿に想いを馳せなければいけません。核家族やシングルマザー（ファーザー）が増えた現代では、昔よりも明らかに親一人の負担は増えています。保育園が遠かったり登園時間が決まっていたりするため、勤務時間を柔軟に自己決定したいというニーズがあります。経営は働く人のためにあるので、この声に応える必要があります（古い慣習や利害を気にする経営層はこの時代に不要です）。

学校の外に学びのアンテナを持つ先生の存在も見逃せません。人生１００年時代、さまざまな職種でスキルや経験を磨くことで、教室や学校に還元される価値は大きいはずです。民間企業で数年働くことのできる企業留学制度を整えたり、学校に多様な人材を呼び込んだり、民間と教職の流動性を高めたりすることで、学校内と外をシームレスにする自治体があってもよいはずです。教員とは、公務員とは〇〇であるという固定観念に縛られず、働く教員のＨＡＰＰＹを約束する経営を実践するのです。

それから、先生や学校の取り組みをみえる化することも効果的です。

大手ＩＴ企業では、動画プラットフォームを自社でつくり、営業の仕方などを動画で学べる環境があります。新入社員が入社した１日目から、社内トップの営業を真似できるのです。

学校でも、先生たちや各校の取り組みをみえる化することが求められています。何か新しいことを始めなくても、すでに素晴らしい実践は山のようにあるのです。あまり知られていませんが、学校は国内最大の企業であるトヨタ（従業員数約７万人）を遥かに上回る、国内最大の組織です。つまり、人材の宝庫であるということです。

日本は中央教育審議会や文部科学省が中心となり、次の時代の教育を議論し、地方におろしていくという伝統があります。有識者が集まり、目指す方向を示すのは大切なことかもしれません。しかし、現場にいた身としては、優秀な学校、優秀な教員がごまんといることを知っています。彼らの取り組みや考え方は時代のはるか先をいっているかもしれません。従来のトップダウン、カスケード方式よりも、ボトムアップのための経営をしたほうが、スピード・質の両面で効果的なのです。

これらの改革案は、志ある教育者と対話を重ねることでアイデアをもらい、磨いてきました。私が好きな言葉の1つに、「早く行きたければ一人で行け、遠くへ行きたければみんなで行け」というアフリカの諺があります。対話を重ねることで視座が高まり、これまで見えなかった景色が見えるようになります。これまでできなかったことができるようになるのです。

全国の先生と交流していると、先生方の能力の高さに驚きます。そして、その能力が発揮されていない現状に悔しさを覚えます。経営層が今すぐにすべきことは、明確なビジョンと熱を現場に伝えることです。先生の対話の機会をつくり、アイデアを具現化する勇気と覚悟を持つことです。教育をよくしていけるのは国でも、制度でもありません。私たちなのです。

職員室の心理的安全性を高めるために

心理的安全性の低い職員室を変えるには、本書で紹介した「リーダーシップ」と「しくみのマネジメント」を職員室で実践することです。

例えば、職員会議で意見が出ないのは「教員が意見を持っていない」からではありません。意見を言うことで嫌われたり陰口を叩かれたりするかもしれない「対人リスク」が高いため、思ったことを言いたくても言えないのです。

教室の子ども以上に、職員室の先生はお互いのことを知らないのかもしれません。職員室で「相手のために本音を言える」ようにするためは、「みせる」「みる」「みえる化する」リーダーシップをもって、先生たちが互いを前向きに理解し合う機会をつくる必要があります。

さらに、心理的安全性が低い「しくみ」を見つけ出し、相手のために本音を言いたくなるような「しくみ」をつくる必要があります。例えば、職員室の座席配置や間隔、職員同士の接点づくりなどは、明日からでも実践することができます。

本質的に心理的安全性を高め、教員が自分たちの手で学校教育を変えていけるというステージに持っていくためには、職員室で信じられていることの多くを疑い、議論の俎上に上げることが必要だろうと思います。

学校から国を照らす

学習指導要領の中核をなす「主体的」は、英語の「Agency」から来ています。Agencyとは、「世界をハッピーにできると信じられること」だと私は定義しています。日本財団によると、「自分で国や社会を変えられると思う」と答えた日本の若者は18・3%と、諸外国と比べ圧倒的に少ないのが現状です。それは、大人も同じではないでしょうか。

多くの教師と関わってきて分かったことは、日々子どもに向き合っている教師はこの国の希望です。子どもと多く時間を過ごす教師が、「私は世界を変えていけるのだ！」という「Agency」を持つことで、子どもたちはその背中から学び、ひいては国の未来を照らされていくのです。

教師が本来の力を発揮できるようにすること、彼らが自分たちの手で学校教育を変えていけるようにすることが、この国の未来を照らすために絶対に必要です。

そのために、本書で提案する「心理的安全性」は有効な手立てになるはずです。心理的安全性を高めることで、トップダウンで一律に現場に降ろしていく従来のやり方を過去のモノにできることに加えて、現場主体の創意工夫によって問題を解決できるようになるからです。

現在の教育課題である「業務量」「働き方」「教員不足」「不登校」なども、現場の心理的安全性を高め、先生一人ひとりの能力を解放し、現場主体で解決されていくことが必要に思います。10年後が読めないこのＶＵＣＡ時代において、現場に「変える力と変わる力」を育てていくことが最善の道だからです。

「心理的安全性」は教室を明るく照らす1つの方法です。

同時に、職員室や学校ひいてはこの国の未来を照らす可能性を秘めているのです。

本書が、この国の希望である先生方と、この国の教育を憂う全ての方にお役に立てることを願っています。

おわりに

教員時代の友人と話をしていると、「あの年のクラスは本当に楽しかった」「あの時の学級はいじめがなくて雰囲気がよかった」という話になることがあります。逆に、「あの年はすごく荒れていて学校に行きたくなかった」「雰囲気がよくなくていじめやトラブルがたくさんあった」という話にもなります。それこそが、心理的安全性の正体です。

同じメンバーが集まったとしても、環境や上司によって職場の雰囲気はガラリと変わるように、学級の仕組みや教師のリーダーシップによって学級の雰囲気や子どもの関係性は大きく変わります。心理的安全性を高めることで、目には見えないけれど、子ども同士の良好な人間関係やトラブル・いじめの減少、人生の幸福度を教育によってコントロールすることができます。だから、教育には大いなる価値があると思うのです。

しかし残念なことに、心理的安全性を含む組織マネジメントや経営理論はこれまで学校教育界には概念としてありませんでした。大学の教員養成課程は教科で分かれ、組織マネジメントや経営学を学ぶ場面は多くありません。たくさんの人間と関わる教師が、組織マネジメントを中心に実践と研究をしていないことこそ、学校教育がここまでネガティブになってしまった本質的原因なのではないか、と私は考えています。

一流と呼ばれる教師たちと話していると、授業の話をしていても、無数の組織マネジメントや経営学、心理学、人間哲学がそこにあります。彼らの授業をみると人間として魂が震えるのが、その証です。

しかし、それが公立学校の校内研まで降りていくと、いつの間にかマニュアル的作業の確認になってしまうことが多いのです。めあてを黄色で囲み、まとめを赤で囲んだかどうか。グーピタピンで背中を伸ばしていたかどうかなんて、(誤解を恐れずに言えば)どうでもいいじゃないですか。でもそれが、「授業」であるとして惰性的に続けてしまう結果、教師の能力を縛り、多くの子どもが学校で自分を出せず、みんなが苦しい今の学校ができあがったのだ、と私は思います。

大学や初任研で教わったように、マニュアル的に授業・学級経営をしていくと、子どもは露骨につまらなさそうにします。彼らは嘘がつけませんから、トラブルや問題行動と大人が呼ぶ行為をすることによってストレスを発散し、それが新しい被害者を生み、教師は職員会議や保護者対応に追われることになります。このままでは、誰もＨＡＰＰＹになりません。

教師は人に向き合う仕事です。だからこそ、教師対子どもの関係だけではなく、しくみのマネジメントやリーダーシップによって子ども同士や子どもと社会をつなげるという教育の奥行きを探索する必要があります。

従来の教師マニュアルではこれからの時代、誰もＨＡＰＰＹになりません。本書があなたの学級とあなたの人生、ひいては国の未来を照らすことを心より願っています。

最後になりますが、本書は多くの皆様に支えられて執筆することができました。出会ったときはまだ地方の一教員でしかなかった私の学級写真をみて「子どもの表情がいい」と本書の執筆を後押ししてくださった編集者の林さん。時には何時間もかけて、画面越しに顔を突き合わせて内容を議論してくれた学校CHLOOSの田中光太郎、三浦健太朗、太田哲平、大賀重樹。いつも前に進む勇気をくれる「授業てらす」、先生コーチ、NIJINアカデミーのスタッフ。NIJINに関わる全ての関係者の皆様。そして、いつも帰宅すると台所で話を聞いてくれる妻と、いつもふざけて笑わせてくれる息子に感謝します。

2024年1月

星野　達郎

【参考文献】

エイミー・C・エドモンドソン著／野津智子訳『恐れのない組織――「心理的安全性」が学習・イノベーション・成長をもたらす』英治出版（2021）
ロバート・B・チャルディーニ著／社会行動研究会訳『影響力の武器［第三版］：なぜ、人は動かされるのか』誠信書房（2014）
石井遼介著『心理的安全性のつくりかた』日本能率協会マネジメントセンター（2020）
アラン著／神谷幹夫訳『アラン 幸福論』岩波書店（1998）
佐藤義典著『ドリルを売るには穴を売れ』青春出版社（2006）
ホッブズ著／角田安正訳『リヴァイアサン1』光文社（2014）
ジェームズ・J・ヘックマン著／古草秀子訳『幼児教育の経済学』東洋経済新報社（2015）
Cannon WB『Stresses and strains of homeostasis.』The American Journal of Medical Science, 1935
原晋著『フツーの会社員だった僕が、青山学院大学を箱根駅伝優勝に導いた47の言葉』アスコム（2015）

【著者紹介】

星野　達郎（ほしの　たつろう）

教育起業家／株式会社 NIJIN 代表取締役

1990年生まれ。神奈川県立多摩高校では駅伝部のプレイングマネージャーとして学校史上初の全国高校駅伝出場。千葉大学教育学部在学中，旅行ツアー添乗員として47都道府県を制覇。お客様評価4.7（５点満点）のトップクラスの評価を受け，「総合旅程管理主任者」資格を取得。大学卒業後，JICA でグアテマラに派遣。２年間で累計15市5000名の現地教員に授業づくり研修を主催。教員同士が学び合う授業研究のしくみを12市に普及。帰国後は青森県で小学校教員として勤務。教員をしながら国の有形文化財「新むつ旅館」のボランティア活動や，異年齢×外遊びをコンセプトにした休日親子広場「星のあそび塾」の開催，教師×異業種で新しい学校づくりを目指すオンラインサロンの運営等を行う。2022年に教員を退職し，株式会社 NIJIN を創業。日本中の子ども，教師，学校を HAPPY にするため，「授業てらす」や「NIJIN アカデミー」をはじめとした教育事業を展開。

教室の心理的安全性

クラスを HAPPY にする教師のリーダーシップとマネジメント

2024年２月初版第１刷刊　©著　者　星　野　達　郎
2024年４月初版第２刷刊　発行者　藤　原　光　政
発行所　明治図書出版株式会社
http://www.meijitosho.co.jp
（企画）林　知里（校正）井草正孝
〒114-0023　東京都北区滝野川7-46-1
振替00160-5-151318　電話03(5907)6703
ご注文窓口　電話03(5907)6668

＊検印省略　組版所　株式会社アイデスク

Printed in Japan　ISBN978-4-18-340021-5

もれなくクーポンがもらえる！読者アンケートはこちらから
→